Oldtimer werden immer beliebter.

Und teurer!

War es früher eine Domäne von lustigen freakigen Schraubern, so sind es heute die Smartphone-fuchtelnden Krawattenträger, die den Oldtimer zu einem Spekulationsobjekt gemacht haben. Der Architekt Andreas Winkler war fasziniert von der Aura und den atemberaubenden Details alter Autos.

Von der Isetta bis zum Mercedes.

Er beschreibt, was er beim Kauf, bei der Restauration und beim Import aus Frankreich alles erlebt hat. Abenteuer pur. Lustige und traurige Geschichten.

Ein unterhaltsames Abenteuerbuch.

Herstellung und Verlag: BoD - Books on Demand, Norderstedt
ISBN 978-3-7448-7239-3

Für Peter Kohl

Der Führerschein

Die Marineoffiziersschule der Bundesmarine MSM, (Marineschule Mürwik) befindet sich in Flensburg. In Sichtweite des Kraftfahrtbundesamtes. Dort wo unsere Punkte „wohnen". Für viele Autofahrer ein Horror.

Am Ende der Kelmstraße, benannt nach dem Kaiserlichen Marinebaumeister Kelm, befand sich die Fahrschule Schwarz. Dort trafen sich nach Dienstschluss viele Seekadetten, um den Führerschein zu machen. Darunter auch Thailänder, Äthiopier und Algerier, Kadetten „befreundeter" Nationen, die damals an der MSM ausgebildet wurden.

Der praktische Unterricht fand in einem viertürigen Opel Ascona statt. Damals beliebt, weil er wohl mal irgendeine Rallye gewonnen hatte.

Ich hatte schon etwas Fahrpraxis, da mein Opa mit mir immer mit seinem Käfer auf den Flugplatz Essen-Mülheim zum Üben gefahren ist. Es war einer mit ovalem Fenster, später ließ er sich dann ein rechteckiges Fenster einbauen, damit man nach hinten bessere Sicht hatte. Das machte man damals so. Heute würde man das nicht mehr machen, da Oval- und Brezelfensterkäfer sehr gesucht und wertvoll sind. Den DKW 1000S meines Vaters habe ich nur einmal bewegt. Rückwärts die steile und enge Einfahrt hinunter auf den Hof zum Waschen. Das Manöver endete im Gartenzaun, der Stress war erheblich.

Die Fahrprüfung endete problemlos und erfolgreich. Aus praktischen Erwägungen hatte ich den Motorradführerschein gleich mitgemacht.

Die Fahrprüfung war das letzte Mal, dass ich auf einem Motorrad gefahren bin.

VW Bulli

Der VW Bulli

Wenn man gerade seinen Führerschein gemacht hat, sollte man etwas vorsichtig in der Wahl seines ersten Autos sein. Könnte ja was drankommen, also besser etwas älter und nicht so teuer.

Also am nächsten freien Wochenende ab nach Hamburg. Am Bahnhof in Flensburg noch ein Hamburger Abendblatt gekauft. Und auf der Fahrt die Angebote studiert. Meine Wahl fiel auf einen VW Bus, Baujahr ca 1962. Für 400.- DM. Heute kosten die je nach Typ und Ausstattung ab 20.000.- Euro. Das Spitzenmodell, den „Sambabus" mit drei Sitzreihen, Oberlichtern und Schiebedach habe ich neulich bei mobile. de für sagenhafte 90.000.- Euro gesehen.

Der Bulli war schön!
Unten pastellgrün, oben weiß. Er hatte rundherum Fenster und hinten schon das große Rückfenster. Aber ziemlich rostig. Naja, ein Jahr TÜV, länger wollte ich die Karre eh nicht fahren. Wenn man den Fahrersitz hochhob, konnte man das Vorderrad incl. Straße sehen. Noch etwas fiel mir auf, das sich später als ziemlich fatal erwies: Der Wagen war hinten vollkommen leer. Für einen Lieferwagen hatte der hinten ganz schön viele Fenster! Aber vorne gab es ja drei Sitzplätze, das reichte mir. Zur Not könnte man hinten ja ein paar Campingstühle reinstellen.

Die Fahrt nach Flensburg mit 36 PS und immerhin einer Höchstgeschwindigkeit von knapp 120 km reichte damals völlig aus. Da waren die Straßen noch nicht so verseucht mit Rasern und Dränglern. Der Wagen war laut, aber gemütlich. Sicherheitsgurte? Noch nie gesehen, geschweige denn benutzt. Anmeldung des Wagens in Flensburg problemlos, allerdings wies man mich darauf hin, dass ich den Wagen binnen 6 Wochen bei der Zulassungsstelle vorführen müsse.

Am nächsten Wochenende ab nach Essen, Spritztouren mit alten Kumpeln. Der Bulli war ja in Kalifornien bei Surfern sehr beliebt, wir hatten so ein bisschen Beach-Boy Feeling. Leider kein Radio, um die passende Musik zu hören.

Auf der Rückfahrt fiel der Scheibenwischermotor aus. Und weit und breit kein Bindfaden und kein Beifahrer, der die Scheibenwischer durch die Ausstellfenster hin- und herhampeln konnte. Also ab zum Bahnhof (damals konnte man da noch richtig lange parken) und im Zug nach

Flensburg. Scheibenwischermotor und Werkzeug organisiert, Freitags zurück nach Münster. Bei meiner damaligen Freundin Anja durfte ich nicht übernachten. Die sind ja alle so katholisch in der Gegend und haben Angst vor dem Fegefeuer. Die Zimmerwirtin hatte Besuch und Anja konnte nicht wie sonst im Ehebett auf der Seite des verstorbenen Mannes übernachten. Es wurde eine grauenhaft kalte Nacht im VW Bus. Platz gab es ja genug. Aber ein bisschen Fegefeuer hätte mir ganz gut getan. Am nächsten Tag die Karre repariert und endlose Diskussionen über Moral und Herzlosigkeit im Münsterland.

Die nächste Nacht verbrachte ich aus Angst vor dem Erfrierungstod in einer nahe gelegenen Panzerkaserne. Mir war eingefallen, dass man mit einem Truppenausweis bei jeder beliebigen Bundeswehr-Dienststelle übernachten kann. Die Nacht war nicht erquicklicher als die vorige. Ich habe selten so viele junge Leute so viel und so schnell saufen gesehen wie die Panzergrenadiere in Münster

Die Fahrt nach Flensburg erfolgte mit meinem 36 PS Käfermotor reibungslos.
Der Termin bei der Zulassungsstelle weniger. Dort stellte man fest, dass der Wagen als Wohnmobil typisiert war. Ein Besuch beim TÜV um das zu ändern sei unumgänglich. Der Typ, der mir den Wagen verkaufte, hatte tatsächlich die originale und fantastische Westfalia-Campingeinrichtung herausgerissen und mir nur die Carcasse verkauft: abgenagt und ausgebeint.

Der Besuch beim TÜV war kurz, schmerzlos und ergiebig: Ich hatte jetzt eine Liste sämtlicher Flensburger Schrottplätze.
Es war Winter, die Straßen vereist. Naja, dachte ich mir, probierst Du mal aus, was die Karre so alles mitmacht. Auf dem Eis und mit dem Heckmotor konnte man wunderbare Pirouetten drehen. Auch ohne Anziehen der Handbremse. Ich probierte alles aus, was man in der Fahrschule nicht lernt. Oder nicht darf. Aber man kriegt ein tolles Gefühl dafür, welche Kräfte da wirken, wie lang die Bremswege bei Glatteis werden, wie man gegensteuern kann, wenn der Wagen ins Schleudern gerät. Ich glaube, ich habe bei diesen Manövern mehr über Autofahren gelernt, als während der ganzen Fahrstunden. Mir ist auch beim Autofahren in meinen ganzen drei Millionen Kilometern noch nie etwas Ernsthaftes passiert. Weil ich immer ein Gefühl habe, wenn man gewisse Grenzen nicht überschreiten sollte.

Bei meiner Abschlusspirouette fehlte mir leider dieses Gefühl. Mit einem doppelten Rittberger segelte ich in den Straßengraben. Das mit dem Rittberger ist übertrieben (ich vermeide auf Grund der Glaubwürdigkeit Übertreibungen) Tatsache: Ich rutschte von der Straße in einen nicht allzu tiefen Straßengraben. Der Bulli stand leicht schräg, aber noch auf allen vier Rädern. Passiert war mir nix. Einen Sicherheitsgurt hätte ich nicht gebraucht (habe ich noch nie gebraucht). Aber auf Grund des Glatteises saß der Wagen fest. Ich trat den Rückmarsch zur Marineschule an.

Szenenwechsel

Ich werde unsanft geweckt. In unserer 6-Bettenstube in der wunderschönen Marineschule Mürwik aus der Kaiserzeit. Damals gab es dort noch nicht die luxuriösen „Kaserne 2000"- Zimmer, wie wir sie später dort im Rahmen der Sanierung eingebaut haben.

Aus der unteren Koje meines Stockbettes sah ich nur die uniformbehosten Beine vom UvD (Unteroffizier von Dienst) im Range eines Obermaates. „Winkler zum Admiral, aber schnell" brüllten die Beine so laut, dass die ganze Stube wach wurde.

Schnell in die Uniform, ungewaschen, ungekämmt (bei der damals zulässigen Kurzhaarfrisur fiel das kaum auf) und ab zum Kommandeur in sein luxuriöses kaiserzeitliches Dienstzimmer. „Machen Sie sich auf etwas gefasst!" rief mir seine Vorzimmerdame noch zu. Ich wusste von nichts. War mir keiner Schuld bewusst.

„Winkler, was haben Sie sich dabei gedacht?" Ich stand immer noch auf dem Schlauch und wusste von nichts.

„Schauen Sie sich das an!" brüllte der Admiral und Kommandeur der Marineschule.

Als ich ans Fenster trat, sah ich meinen schönen Bulli. Auf dem Dach. Mitten in der repräsentativen Vorfahrt der kaiserlichen Marineschule, auf der der Herr Admiral jeden Morgen von seinem Chauffeur vorgefahren wurde. Was mir sofort auffiel: auf der einen Seite, im Marinejargon auf der Steuerbordseite, fehlten die Räder. „Ich war das nicht" setzte ich zu meiner Verteidigung an. Außerdem fehlten zu einem von dem Admiral vermuteten Überschlag zwei wichtige Voraussetzungen: eine kräftige Kurve sowie die Räder auf der einen Seite. So könne man ein Auto bestimmt nicht zum „Kentern" bringen, um im Marinejargon zu bleiben.

Ich erzählte dem Admiral von meinem Missgeschick, dass ich auf dem Nachhauseweg (besser Rückfahrt in die Kaserne) wegen eines Hasen eine Vollbremsung machen musste und (mangels ABS, das gab es damals noch nicht) von der Straße gerutscht bin. Was weiter passiert sei, wisse ich nicht. „Sorgen Sie dafür, dass der Schrotthaufen da umgehend wegkommt!" brüllte der Admiral.

„Nach oder während der Dienstzeit?" war meine nächste Frage. Da sein Dienstwagen gezwungenermaßen am Eingangstor geparkt war und er daher sowieso in Uniform und Glatteis zu seinem Wagen laufen musste, einigten wir uns auf: Nach Dienstschluss! Nachdem ich ihm versichert hatte, dass ich umgehend bei der Polizei Anzeige wegen Diebstahles, Sachbeschädigung und groben Unfuges erstatten würde, beruhigte er sich etwas und entließ mich. Ich versprach ihm hoch und heilig, dass er morgen die schöne Auffahrt aus der Kaiserzeit wieder benutzen könne.

Meine Crewkameraden (ein Jahrgang an der MSM wird als Crew bezeichnet) warteten schon vor der Türe des Vorzimmers. Aus ihren Augen und Fragen strahlte das schlechte Gewissen. „Wie wars?" fragten sie scheinheilig. „Schlimm und ich gehe jetzt sofort zur Polizei und erstatte Anzeige wegen........"(siehe oben)
„Und wenn wir Dir helfen, das Ding da wieder wegzuschaffen?" „Ok, aber nur wenn Ihr mich danach toll zum Essen einladet."

Folgendes war passiert:
Irgendeiner hatte den Bulli entdeckt, seinen Kameraden Bescheid gesagt und man beschloss, daraus ein „Bolzen" zu machen. So heißen die Streiche, die jede Crew auf der MSM machen will und muss. (Wäre Stoff für ein eigenes Buch).
Die Kameraden hatten alle von Ihren Pappis tolle Autos. VW Golf kam damals auf, einer hatte sogar schon einen Passat und am angesagtesten war das VW Cabrio. Die sind dann zusammen zu dem Bulli gefahren und habe ihn abgeschleppt. Ich weiß bis heute nicht, wie die an die Schlüssel gekommen sind. Hat mir auch keiner verraten.

Auf der kaiserlichen Vorfahrt haben die dann die Batterie ausgebaut, die Räder auf der einen Seite abmontiert, damit man die Karre leichter aufs Dach kippen konnte. In ihrer rasenden Intelligenz haben sie die Radmuttern in das umliegende Gebüsch geschmissen.

Das Bergungsmanöver erwies sich als schwierig. Einige sind ausgeschwärmt, um im Gebüsch die Radmuttern zu finden. Ich glaube, die haben 3 von 8 gefunden. Einer kam dann auf die glorreiche Idee, ein paar Muttern von der anderen Seite zu verwenden, wo sie ja noch komplett waren. Die Räder wurden montiert, Batterie eingebaut und mit zwei, drei Radmuttern pro Rad ging der schöne VW Bus dann auf seine letzte Reise.

Zum Glück hatte ich ja schon die Adressen aller Flensburger Schrottplätze.

PS.: Leider gibt es von der Aktion keine Bilder. Handys gab es damals ja noch nicht.

VW Cabrio

VW Cabrio

Nach dem Kadettenlehrgang ging es dann drei Monate auf das Schulschiff „Deutschland", ein Teil der Kadetten ging zur Marineinfanterieausbildung nach Plön (Marines).
Das Schulschiff hatte den Vorteil, dass man mitten im Winter im warmen Mittelmeer war. Und dass man auf einem Schiff Bordzulage bekommt, mit der man in den Häfen (Oran, Toulon, Venedig, La Maddalena, Reykjavik wurde leider gecancelt) gut leben kann. Das Gehalt wird weiter auf das Konto zu Hause überwiesen. Nach dieser schönen Kreuzfahrt hatte ich Geld für ein neues Auto.

Die Mutter holte mich in Kiel an der Pier ab und ich nutzte den Urlaub, ein neues Auto zu suchen. VW Cabrio war angesagt. Angeblich neben dem Rolls Royce das einzige viersitzige Cabrio.
In der WAZ fand ich einen in Münster. Also ab nach Münster, das Ding angeschaut und gekauft. Nicht ganz teuer, aber auch nicht ganz neu.

Auf der Fahrt nach Essen verlor der Wagen plötzlich Leistung und qualmte aus dem Auspuff. Der Mechaniker meiner Eltern dokterte an dem Auto herum, nahm dickeres Öl, fummelte an den Ventilen herum, aber es half nichts. Bis ich darauf kam, dass man auf dem Schrottplatz einen gebrauchten Motor bekommt. Für 50.- DM. Aus- und Einbau, noch einmal 50.- DM. Das war genau die Hälfte von dem, was der Mechaniker meiner Eltern für seine wenig erfolgreiche Fummelei genommen hat.
Ich war glücklich, der Wagen fuhr, bis es dann kälter wurde und ich feststellen musste, dass die Heizbirnen (Heizung bei einem luftgekühlten Motor) vollkommen durchgerostet waren. Also wieder zum Schrottplatz, neuer Motor für 50.-, Einbau wieder 50.-. Eigentlich eine wirtschaftliche Reparaturmethode. Wenn man sich überlegt, was heute allein ein Service kostet…

Das Cabrio war grau und hatte rote Kunstledersitze. Irgendwann gefiel mir die Farbe nicht mehr und ich ließ das Auto rot umlackieren. Sah doof aus, weil die roten Sitze im Farbton knapp daneben lagen. Bei einem Cabrio fiel das natürlich besonders auf. Irgendwann fand ich dann auf einem Schrottplatz in Flensburg schwarze Sitze und die Welt war wieder in Ordnung.

Ich setzte mein Architekturstudium in Braunschweig fort und wohnte im Magniviertel.
Immer schon hatte ich den Wunsch, in einem alten Fachwerkhaus zu

wohnen. Hatte den hässlichen Nachteil, dass es kaum Parkplätze gab Außer einem überbreiten Bürgersteig gegenüber meiner Haustüre. Aber da bekam man regelmäßig Strafzettel. Ich hatte schon überlegt, mit weißen Streifen ein Rechteck zu markieren, aber dann habe ich mich doch nicht getraut.

Ein weiteres Problem gesellte sich hinzu, das besonders im Wintersemester zu spüren war: Der Wagen brauchte über 16 Liter , wenn es kalt war. Bei 80 Pfennig pro Liter eigentlich kein Problem, aber damals hat man ja auch weniger verdient.
Ich verkaufte den Wagen an meinen Studienkollegen Holger und fühlte mich befreit.

Freund Holger hatte beim nächsten TÜV noch eine Menge Ärger, aber ich ein reines Gewissen. Mit Autos habe ich mich damals ja noch nicht so gut ausgekannt.

BMW Isetta

BMW Isetta

Das Frühjahr kam und die Lust auf ein neues Auto ließ nicht lange auf sich warten.

Eine Gruppe von Studenten hatte eine alte Tankstelle gemietet und restaurierte dort alte Autos. Heute Oldtimer genannt. Als ich mir einen alten 170er Mercedes anschauen wollte, stieß ich auf eine schöne pastellgelbe Isetta. Machte einen guten Eindruck, hatte sogar ein Faltdach und wirkte sparsamer.

„Na, willste die kaufen?" fragte Rudolf, einer der Chefs von dem Laden. Ein bisschen feilschen, bei 1200.- Mark wurden wir uns einig. (Heute kosten die Dinger das zwanzigfache!)

Es stellte sich bald heraus, dass der Wagen einen Motorschaden hatte. Rudolf wollte nichts gewusst haben, geschweige denn, von einem Umtausch etwas wissen. Als Rudolf später mit schönen Mercedesersatzteilen auch auf Oldtimermärkten handelte, habe ich bei ihm nie etwas gekauft. Weil ich immer misstrauisch war. Er ist dann auch relativ jung an einem Herzinfarkt gestorben. Wahrscheinlich hat ihn das schlechte Gewissen über den kaputten Isettamotor ins Grab gebracht. Man soll armen Studenten wirklich keinen Schrott andrehen.

„Wir beglückwünschen Sie zum Kauf des sportlichen zweisitzigen BMW Motocoupés," lautete der erste Satz der Bedienungsanleitung. Ein Euphemismus. Das Ding fuhr gerade mal 80, 90 mit Rückenwind. BMW war Lizenznehmer der italienischen Sportwagenschmiede ISO, daher der Name Isetta.

Da ich auf Grund des Motorschadens weitere Kosten befürchtete, fragte ich in einem Anflug von Wahnsinn meinen Mitbewohner Fritz, ob er nicht mit 50% einsteigen wollte. Natürlich nicht ohne den Motorschaden zu erwähnen. Fritz war begeistert und dabei.

Das Abenteuer begann mit einer Reparatur. Dazu nahmen wir eine dicke Matratze, bauten die Batterie aus, machten den Außenspiegel ab und legten das Auto auf die Seite. Der Motor befand sich so etwa in Schreibtischhöhe und war bequem auszubauen. Ohne unter das Auto kriechen zu müssen. Der Motor war überraschend klein. Es handelte sich um einen 250 cm³ BMW Motorradmotor. Wir packten ihn in eine Aktentasche (oder so etwas Ähnliches) und fuhren mit dem Bus zu einer Werkstatt, die etwas außerhalb lag. „Wahrscheinlich ein Ventilschaden" meinte Herr Bollheimer, der Inhaber. Rechnet mal mit 80.- Mark. Ein paar Tage später war der Motor fertig und die ganze

Prozedur spielte sich rückwärts ab.

Das zweisitzige BMW Motocoupe lief prima. Wir waren die Stars. Besonders wenn Fritz mit seinen geschätzten zwei Metern die Tür öffnete und aufstand. Dann war er nämlich noch einmal 40 cm größer.

Alle wollten mitfahren. Um den Unterhaltungswert noch zu steigern, kaufte ich in der antiken Trödelhalle Berg ein Grammophon, das man hinten auf die Hutablage stellen konnte. Statt eines Radios. „Waldeslust" und „Alte Kameraden" hatten wir im Programm. Einfach weil die Schellacks bei dem Grammophon dabei waren.

Die Semesterferien nahten und wir schmiedeten Reisepläne. Die Entscheidung fiel auf Wandern in der Eifel. Wohl weil meine Eltern immer so begeistert davon schwärmten.

Erste Etappe war Essen. Fritz kam auch aus Essen und das bot sich an. Wir beschlossen, über die B1 durchs Weserbergland zu fahren. Schöne Städte, Hameln ein Traum (hat die Royal Airforce offenbar übersehen).

Wir kamen bis Herford. Da meldete sich die rote Ladekontrolleuchte (hatte die Isetta schon). Die Alternativen, ohne Licht bis Essen oder mit Licht irgendwo ohne Strom stehen bleiben, waren schnell diskutiert. Mit so einem kleinen Auto ohne Licht schien uns zu gefährlich. Also ab zur nächsten Telefonzelle und SOS nach Hause melden.

Mein Alter: Was kauft ihr auch so eine Schrottkarre, seht zu, wie ihr klarkommt.

Fritz´ Alter: Alles klar, wo seid ihr?

Nach 2 Stunden und einem guten Abendessen kam Fritz´ Vater mit seinem großen Käfer. Die Isetta angehängt, Warndreieck auf die Hutablage. Das Grammophon hatten wir aus Platzgründen zu Hause gelassen.

Und dann ging es mit 120 km über die Landstraße nach Essen. So schnell ist die Isetta bestimmt weder vorher noch nachher gefahren.

Am nächsten Morgen erwischte mich mein Vater beim Zerlegen des Staubsaugers. Ich wollte mal schauen, ob die Kohlen (Kontakte eines Elektromotors) aus dem Staubsauger übertragbar auf die Isetta-Lichtmaschine waren. Es gab mächtig Ärger, Immerhin bekam ich dann bei Bosch in Essen die richtigen Kohlen. Beim Einbau schraubte ich noch an diesem und jenem herum, was uns am nächsten Tag einen Bremsversager bescherte. Nichts Schlimmes, die Tür der Isetta hatte allerdings eine kräftige Beule nach innen, nachdem wir an einer Ampel auf den Vordermann gefahren waren. Fritz gefiel die Beule gar nicht und er versuchte, sie nach vorne zu treten. Dadurch bekam sie einen Knick, was die Reparaturkosten erheblich verteuerte. Die nächste Tankstelle reparierte den Wagen (konnten die damals noch) und auf ging's in die Eifel.

Nach Highlights wie Monschau und Burg Elz ging's zurück nach Braunschweig. Bei Köln holte uns die Polizei raus. Ich hatte ein reines Gewissen, zu schnell gab's nicht bei dem Auto und tagsüber konnte ein nicht funktionierendes Licht auch nicht der Grund sein.

„War ich zu schnell"? fragte ich grinsend den Polizisten. „Nee, aber zu langsam!!" antwortete der. „Sie ziehen eine Kolonne von 30 LKW hinter sich her, die alle nicht überholen dürfen. Tempo 60 auf Autobahnen ist zwar erlaubt, aber ich möchte Sie bitten, ab und zu in den Rückspiegel zu schauen und gelegentlich rechts ranzufahren, wenn die LKW nicht überholen dürfen."
Zurück in Braunschweig verkauften wir die Isetta. Wir waren einander und des Autos überdrüssig. Vor allem auch der Diskussionen, was an dem Auto gemacht wird und was nicht. Der kleinste gemeinsame Nenner war die Reparatur der verbeulten Türe und eine Neulackierung. Bei Herrn Bollheimer.

Der Verkauf brachte dann immerhin 2000.- DM. Heute werden die Dinger ab 24000.- Euro aufwärts gehandelt. In dem Zustand.

Mercedes 180 (Ponton)

Mercedes 180 (Ponton) 1958

Episode I

Nachdem ich immer von einem 170er geträumt hatte, der aber für einen Studenten unerschwinglich war, lief mir ein schöner 180er über den Weg. Das Nachfolgemodell.
Großes Faltdach, auberginerot, weißes Lenkrad, der Blinker integriert im verchromten Hupring. Ich war sofort hin und weg und kaufte den Wagen.
Geringer Verbrauch, spritzig und Liegesitze, man konnte darin bequem zu zweit schlafen.

Der Wagen kam nicht gut über den Winter. Er zog nicht mehr und brauchte viel mehr Benzin als sonst.

Mechaniker Bollheimer wusste einen Rat: Wenn Ihr aus dem Ort rauskommt, rechts auf dem Acker, neben einem kleinen Wäldchen. Da steht so einer, hat auch die gleiche Farbe. Und steht noch nicht so lange. Hat wohl keinen TÜV mehr bekommen.

Ich dahin, ein halb verfallenes Bauernhaus, jede Menge Hunde, ein noch nicht so alter, aber relativ zahnloser Mensch kommt und fragt mich nach meinem Anliegen. Ich erklärte ihm mein Anliegen.

„Kannste haben die Karre, 300.- Mark. Aber wenne allet abjebaut hast, bringste det Ding zum Schrott." Entpuppte sich der Besitzer als Berliner.

Er entpuppte sich auch als Glücksfall: Er hatte bei Benz gearbeitet. „Und wenne det Ding koofst, helf ick dir auch den Motor umzubauen". Damals gab es noch kein Privatfernsehen (Vor-Kohl-Ära) und dem Typen war langweilig. Außerdem war ich in Begleitung meiner Freundin Margarita (Raposo y Bravo), einer feurigen Spanierin, die an der TU in Braunschweig Kunstgeschichte studierte.

„Wann kommste?"

„Morgen im Frühtau!"

Die beiden Autos nebeneinander. Als erstes beide Motorhauben runter (eigentlich logisch.) Dann unter den Wagen, das Getriebe von der Kardanwelle lösen. Dann Auspuff, Benzinleitung und alle Kabel lösen.

Und wer hebt den Motor jetzt hoch? Der Typ kam mit einem Dreibein incl. Flaschenzug. Ruckzuck waren beide Motoren draußen. Incl. Getriebe. „Welchet willste denn einbauen?". Ich entschied mich für das aus meinem Wagen. Was ein fataler Fehler war.

Während Margarita beide Getriebe abbaute, meins an den neuen Motor anflanschte, baute ich noch diverse Teile von meinem zweiten Mercedes in meinem Leben ab..

Hinterher brachten wir den Wagen in die Schrottpresse. Mit vielen Teilen, die ich später noch gut hätte gebrauchen können.

Der Wagen fuhr wie ein Gedicht! Er hatte 10 PS mehr. Da die Unterschiede der Motoren marginal waren, und kaum ein Polizist die minimalen Unterschiede am Vergaser eines ca. 20 Jahre alten Autos kennen konnte, beschloss ich, die Papiere nicht zu ändern. Obwohl ich damals im Rahmen der Fahndung nach Schleyer dreimal in Poizeikontrollen geraten bin. Weil ich den alten Motor im Kofferraum hatte und die Karre hinten ziemlich viel Tiefgang hatte. Aber es lief alles gut, nachdem sie den Motor im Kofferraum gesehen haben, der nun wahrlich kein Hanns Martin Schleyer war, konnte ich immer unbehelligt weiterfahren.

Da so ein Auto viel Geld kostet, begann ich als Nachtportier im Hotel zur Oper in Braunschweig zu arbeiten. Der Chef war ein strammer Nazi und ein Riese. Er rühmte sich seiner Mitgliedschaft in der „Leibstandarte Adolf Hitler". Seine beiden nicht unschönen Töchter waren auch richtige Walküren. Also xxxl. Ich habe nie so große Frauen gesehen. Vielleicht stammt daher meine Abneigung gegen Wagner-Opern.

Der Dienst als Nachtportier war grauenhaft. Für 5 Mark die Stunde. Abends musste man sich das ganze Leben von irgendwelchen Vertretern anhören, die mit zunehmendem Alkoholkonsum immer weniger Lust hatten, ins Bett zu gehen. Einmal wurde ich von einem Afrikaner in seiner landesüblichen Tracht volltrunken bedroht (er war Moslem), weil ich gewagt hatte, ihm sein Wechselgeld mit der linken Hand zu geben. Dazu muss man wissen, dass die die rechte Hand zum Essen und die andere zu gewissen Reinigungsaktivitäten benutzen, die mit dem Essen nicht kompatibel sind. Leider war mein Leibstandarte Adolf Hitler-Chef schon im Bett. Ich glaube, der hätte den ordentlich eingenordet.

Morgens um 5 musste ich dann Frühstück machen, was nach diesen nächtlichen Strapazen immer besonders schwer fiel.

Als nächstes ging es dann mit dem frisch „getunten" 180 Ponton zur Kieler Woche, wo ich als alter Essener zur Crew der Germania VI (Krupp-Yacht) gehörte.

Auf der Fahrt machte der Wagen unangenehme Geräusche beim Kuppeln. Um nicht zu sagen: grauenhafte und ungesunde Geräusche.

Ich rief meinen Mitbewohner Claus an, der Maschinenbau studierte und in unserer WG wohnte. Er war am Wochenende nach Hamburg zu seinen Eltern gefahren Er meinte sofort, ich solle vorbeikommen. Gediegenes Wohnhaus in einem Hamburger Nobelvorort. Mit offenem Kamin, was sich noch als Glücksfall erweisen sollte.

Seine Diagnose war kurz und schmerzlos: Der Motor hat sich vom Getriebe gelöst und beim Kuppeln wird der Motor, voran der Kühlerpropeller, in den Kühler geschoben.

Zwei Verbindungsschrauben seien noch vorhanden, aber bei denen fehlten die Beilagscheiben.

MARGARITA! Was hast Du mit den Beilagscheiben gemacht? „Ich wusste nicht, wozu die gut waren und habe die auf den Acker geschmissen."

Na gut. Klaus hatte eine brilliante Idee. Er ging zum offenen Kamin und holte ein Holzscheit. Schnitzte das zurecht und schob den zwischen Motor und Vorderachse, so dass der Kühlpropeller nicht mehr beim Kuppeln in den Kühler propellern konnte. So kamen wir dann nach Kiel und später auch nach Braunscheig.

Nach der Regatta kam mir Margarita auf der Pier entgegen. Nachdem sie versucht hatte, sich einen Tag in Kiel zu beschäftigen, war sie wohl ziemlich genervt. Und spielte mit dem Schlüssel, warf ihn hoch und fing ihn wieder auf. Es kam wie es kommen musste: Der Schlüssel fiel auf den Steg, dann weiter durch eine Ritze in die Kieler Förde und war weg. Es war der Einzige

Was tun? Feuerwehr, Bundesmarine, Taucher?

Bei der Feuerwehr erklärte man sich für nicht zuständig und bei der Marine war man erst ab Montag wieder da. Der Schlüsseldienst war da die nächstliegende Lösung.

Nachdem er mir hoch und heilig erklärt hatte, er habe Ersatzschlüssel und brauche das Schloss nicht aufzubohren (das hätte ich auch mit unserem Bordwerkzeug von der Germania gekonnt) bestellte ich ihn. Gegen 17 Uhr. Er kam um Mitternacht und erklärte, dass er das Schoss aufbohren muss. Er habe allerdings einen Rohling mitgebracht. Den steckte er in das Zündschloss. Damit der Rohling nicht zurückspringen konnte und die Lenkung blockieren, nahm er einen Schraubenzieher, steckte ihn durch das Loch im Zündschlüssel und verknotete den Schraubenzieher mit der Lenksäule.

So kamen wir dann nach Braunschweig.

Ich besorgte Schrauben, verband den Motor fachgerecht mit dem Getriebe, hatte noch das alte Zündschloss von dem Schrottauto und die Welt war wieder in Ordnung.

Margarita machte einen Sprachkurs am Eurocentro in Florenz. Ich lieh ihr den Wagen, obwohl ich Bedenken hatte, weil sie recht klein war. Sie konnte nicht über das relativ große Lenkrad sondern nur untendrunter durch schauen.

Aber es ging alles gut. Bis ein Anruf kam: Die Kupplung geht nicht mehr. Da wir sowieso Urlaub in Italien machen wollten, setzte ich mich in den Zug und fuhr nach Florenz. Diagnose: ein Teil des Kupplungsgestänges war abgefallen. Ich zu Mercedes Florenz. Mit schlechtem Italienisch (das war vor meinem Studium in Italien) und einer bebilderten Teileliste konnte ich denen klarmachen, was ich brauchte. Ein Opi verschwand für zwei Stunden im Keller und kam dann mit dem gesuchten Teil. Spende in die Kaffeekasse und die Welt war wieder in Ordnung. Das Auto auch.

Der Urlaub auf Elba war angenehm.
Im Auto konnte man prima übernachten. Wasser und Meer gibt es da ja genug. Man braucht gar keinen Campinplatz. Das kleine Zelt haben wir dann nachts immer über das Auto gestülpt, damit keiner reinschauen kann.

Renault R4

Renault R4

Während meines Praktikums im Büro Rolf Gutbrod / Frei Otto in Berlin bekam ich die erfreuliche Mitteilung, dass ich ein DAAD - Stipendium für die Ausländeruniversität in Perugia erhalten habe.

Kurz vor der Abreise stellte sich heraus, dass mein wunderschöner Mercedes 180 Bj 1958 wieder einen Ventilschaden und damit einen immensen Benzinverbrauch hatte.

Ich brauchte ein neues Auto!

Am Samstagmorgen wurde ich im Berliner Autokino (wöchentlicher Gebrauchtwagenmarkt) fündig. Ein dunkelgrüner Renault R4 für 400.- Mark. (Wie der Bulli) Ich kaufte ihn sofort. Spritverbrauch tendierte (fast) gegen Null, mit dem „Pistolet", dem Schalthebel in der Mitte des Armaturenbrettes, ein unvergleichliches Fahrgefühl.

Kurz nach dem Kauf meldeten sich die Radlager und die Bremsen. Aber kein Problem. Unter den R4 - Freaks gab es einen Geheimtipp: Gustav im Wedding. Er hatte da einen Schrottplatz nur mit Renault und verkaufte auch neue Ersatzteile. Und verlieh die Werkzeuge dazu. Dort habe ich zum ersten Mal unter seiner Anleitung die Radlager gewechselt. Hab ich bei meinen späteren Autos dann oft auch selber und alleine gemacht.

Vor der großen Reise nach Italien noch die Rückbank rausgeschmissen, den Fußraum der Rücksitze mit Sperrholzplatten abgedeckt, einen Teppichboden rein und fertig war das Wohnmobil. Natürlich mit Luftmatratze, Schlafsack und Wasserkanister. Wenn man den aufs Dach legte, konnte man da richtig duschen.

Und ab nach Italien. Zuerst nach Bologna. Dort studierte mein zukünftiger Schwager Bildhauerei und wohnte in einem Bauernhof. Als ich mir den Schlüssel aus dem Versteck herausfummeln wollte, wäre ich fast umgebracht worden. Von einem Deutschen. Numerus Clausus-Flüchtling, Medizinstudent und heute erfolgreicher (die Betonung liegt auf reich) Radiologe in Aachen. Der Bruder von meinem späteren Schwager hatte nämlich auf dem Dachboden eine Vogelzucht: Canarini, die wohl ziemlich teuer waren und bewacht werden mussten. Nachdem meine Identität geklärt war, wurden wir dicke Freunde.

Die Reise ging weiter Richtung Florenz. Da Autobahnen relativ langweilig und teuer sind (die Italiener machen da keinen Unterschied zwischen einem R4 und einem dicken Mercedes) nahm ich die Landstraße über den Futa-Pass. Dort wird man in einer Gedenkstätte mit den fürchterlichen Gräueltaten der Deutschen konfrontiert.

Nebel kam auf und ich fuhr in ein Dorf namens Arezzo. Man sah nix mehr und ich parkte auf einem Platz, legte mich in meine Koje. Am nächsten Morgen erwachte ich auf dem Hauptplatz in einer wunderschönen Stadt - wie Asterix und Obelix mitten im Römerlager. Mit tollen Cafés. Damals kostete der Cappuccino noch 300 Lira, das petit déjeuner war fürstlich.

Dann weiter nach Perugia.

Man hatte mir gesagt, dass vor der Università ältere Damen stehen, die Zimmer vermieten. Das war richtig. Sie führten mich in Massenunterkünfte mit Feldbetten. Der Höhepunkt waren acht in einer Reihe. Fünf davon waren bereits an Afrikaner unterschiedlicher Provenienz vermietet. So stelle ich mir heute ein Auffanglager in Lampedusa vor. Oder die ZAST in Karlsruhe. Nachdem ich auf dem Schulschiff Deutschland mit 25 Kadetten und einem sehr lieben Äthiopier an meiner Seite überstanden hatte, war ich da relativ schmerzfrei. Aber Italien hatte ich mir anders vorgestellt.

Ich stieg in meinen dunkelgrünen R4, fuhr den Berg hinunter (Etruskersiedlungen liegen immer und grundsätzlich auf hohen Bergen) und fragte in den umliegenden Dörfern nach einer Unterkunft. Gasthäuser sind da immer recht informativ und ich hatte nach einer halben Stunde eine Wohnung. Fast ein halbes Haus. Bei Signora Bacchini. In Ponte Rio. Ihr Mann Natale war Elektriker. Hatte drei Einnahmequellen:

Erstens arbeitete er als Elektriker für die Stadt.

Zweitens vermietete er seine Werkstatt an einen anderen Elektriker

Drittens arbeitete er schwarz, mit Materialien und Fahrzeugen der Stadt für Private.

Ich wurde seine vierte Einnahmequelle. So funktioniert Italien. Und deshalb ist der Staat da so pleite.

Mit einem Auto war man der KING an der Università per Stranieri in Perugia. Man konnte ins Umland und ans Meer fahren. Und ins Freibad „La Padulella"

Alle Frauen suchten und liebten Typen mit Autos.

Eine Gruppe Schweizer Postbeamte, die von Ihrem Dienstgeber zu einem Sprachkurs nach Italien verdammt waren, fuhren alle gleich am ersten Wochenende nach Hause, um ihre Autos zu holen.

So lernte ich Judith, meine spätere Frau, kennen. Und ihren schwulen Begleiter W aus T. Der sofort bei mir in mein für mich viel zu großes Haus einzog, weil er sich Hoffnungen machte. Vergeblich. Aber Perugia war damals schon ein bisschen ein Schwulentreff. Der Oberschwule war Gunnar aus Norwegen. Alle nannten ihn „The Queen". Er war potthässlich. Aber es geht weiter mit schönen Autos.

Mit meinen Couponi, so hießen die Benzingutscheine, die ich mir auf den alten, abgemeldeten Mercedes und auf den aktuellen R4 gekauft hatte, war meine Reichweite beträchtlich. Manchmal zickten die Tankwarte, wenn die Nummer auf den Couponi nicht mit meiner Berliner Autonummer übereinstimmte. Aber wenn der Tank dann voll war, gab es dann nur noch wenig Verhandlungsspielraum. Und wenn es ernst wurde, zog ich dann die richtigen „Buoni" von dem R4 heraus.

Der R4 war klasse. Heute noch mein Traumauto. Abgesehen davon, dass sich Judith immer beschwerte, wenn ich auf engen Gebirgsstrassen die Kurven schnitt. Aber wie wir wissen, besteht Italien ja mit Ausnahme der Poebene nur aus Gebirge.
Was sie mir nie glauben wollte: Wenn man in einer Kurve links fährt, hat man immer noch genug Zeit und Platz auszuweichen. Nach ca. vier Millionen unfallfreien Kilometern, weiß ich, wovon ich rede. Mir ist ja auch noch nie was passiert.

Noch eine schöne Episode:
Judith und ich wollten am Wochenende nach Elba. Ab nach Piombino. Eine Fähre lag da, hab nicht so genau hingeschaut, wohin die fährt. Auf jeden Fall Elba. Wir landeten statt in Portoferraio in Porto Azzurro. Auch schön, aber nicht dort, wo wir hinwollten. Mist. Stockdunkel. Also ab mit dem R4 in die Pampa. Luftmatratzen aufgepustet und ab in den R4.

Als ich am nächsten Morgen aufwache, sehe ich einen Wachtturm. Mit MG Posten. Hatten wir doch direkt unter dem italienischen Höchstsicherheitsgefängnis in Porto Azzurro „geparkt". Wieder wie Asterix und Obelix im Römerlager (siehe oben). Mich wundert bis heute, warum die uns nicht „perlustriert" haben, wie man in Österreich sagt.

Der R4 war klasse.
Ich habe selten ein problemloseres Auto gehabt. Judith beschloss, sich nach Semesterende nach Salzburg zurückzuziehen (wie will man in den Semesterferien seine Magisterprüfung bestehen?) und ich brach auf zu neuen Abenteuern mit dem R4. Es gibt wenig zu berichten. Das

Auto funktionierte perfekt. In Scilla (vis `à vis von Messina) fuhr ich auf einen Kiesstrand, aus dem ich nicht mehr herauskam. Trotz „Traction Avant". Für ein paar Espressi (Prosecco war damals noch nicht in Mode) trugen ein paar Dorfjugendliche den R4 auf die befestigte Straße. (Versuchen Sie das heute mal mit einem VW Golf mit knapp zwei Tonnen!) Rien ne va plus!

PS: Wussten Sie, dass Prosecco nur deshalb so massiv von den Italienern vermarktet wird, um die deutsche Sektsteuer zu umgehen? Diese Schlingel!

Taormina mit Ätna war toll, leider habe ich mich für die sizilianische Südküste entschieden, die ich ab Syrakus todlangweilig fand.
Noch eine Episode: Als ich in Pompei vor den Ruinen auf den Parkplatz fuhr, kam der gewichtige Parkwächter mit noch gewichtigerem Blick auf mich zu. „Quanto costa?" (Was sollte man den auch sonst fragen?) „Mille Lira, ma duemille per bene vigilare." Was auf gut deutsch heißt: 2000 Lira für gut aufpassen und die Karre nicht von seinen Spezln klauen lassen. So sans halt die Italiener. Was seit Berlusconi und Grillo die zivilisierten Nordeuropäer auch allmählich zu begreifen scheinen.

Epilog

Nach über 20000.- km (halber Weltumfang) kam der R4 wohlbehalten zurück nach Deutschland.

Die Eltern hatten uns zum Skifahren nach Kitzbühel eingeladen. Auf der Hinfahrt mit Bruder Lorenz schwächelte die Lichtmaschine. Genauer gesagt, sie versagte. Ein Blick in den Motorraum offenbarte das Problem: Sie hatte sich vom Motorblock gelöst.
Am Rastplatz gab es zum Glück ein paar junge Weidenbäume, wir bastelten eine Astgabel und verkeilten die Lichtmaschine so mit dem Motorraum, dass sie wieder problemlos funktionierte. Nach der „Brennholzreparatur" von meinem 180er (siehe oben) glaube ich, dass Holz ein optimales Material zur Schadensregulierung ist. (Leckbekämpfung auf Schiffen funktioniert auch heute noch mit Holz.)

Der Zöllner am Bayerischen Zoll war gnadenlos: „Euer TÜV läuft am Jahresende aus. Dann kommt ihr nicht mehr rein."

Was tun?
Freundin (und spätere Ehefrau Judith) wohnte noch in Salzburg. Also den R4 in die Salzburger Nachrichten gesetzt - für 2000.- Schilling.

Der Wagen war weg wie nix. Ein paar Tage später haben Freunde das Auto dann mit österreichischer Nummer gesehen. Noch später habe ich von einem Chauffeur (LKW -Führer) der Schwiegermutter erfahren, wie leicht man so ein Auto „umtypisieren" kann. Aber das habe ich vergessen, weil es mir zu kompliziert war.

VW Variant

VW Variant

Zurück in Braunschweig wollte ich den 180er restaurieren. Er stand in einer Werkstatt bei einem gewissen Alois T. Aus der Steiermark. Alois war um es höflich auszudrücken etwas lethargisch und nix ging weiter. Naja, wenigstens hat er mir damals das Schweißen beigebracht und ich hatte zunächst mal einen deftigen Sonnenbrand. Vom Schweißen.

Die Semesterferien drohten und ich brauchte ein Auto. Alois hatte da eine Idee. Da stand so ein orangefarbener VW Variant herum. „Für 2000.- Mark kannste den haben. Mach Dir auch noch einen Service."

Ich hatte keine andere Wahl.

Auf der Fahrt nach Italien besuchten wir meine Schwester in Freiburg. „Arbeitest du jetzt bei der Müllabfuhr?" war ihre erste Frage in Anspielung auf die Farbe des Autos.

Italien war nicht so toll, die Cuponi (Benzingutscheine) reichten nicht. Die Karre schluckte wie verrückt. Ich studierte mittlerweile in Wien und dort war der Sprit noch teurer. Eine der letzten Fahrten sollte von Wien über Frankfurt nach Essen führen. Carlo Rhoerssen di Camarata, ein italienischer Freund, Professor für Rechtsphilosophie und leider an Multipler Sklerose erkrankt, musste nach Frankfurt. Kein Problem, ich bring Dich dahin. Wir kamen bis in den Spessart. Kurz vor Aschaffenburg. Da ging der Motor kaputt. Der ADAC schleppte uns ab und wir übernachteten in einem grauenhaften Wirtshaus im Spessart.

Glück im Unglück: In dem Kaff gab es eine Motorenwerkstatt. Und die hatten zufällig einen Motor da rumliegen. Leider nicht mehr für 50.- Mark. Dafür aber eine 1600er-Maschine. Brauchte noch mehr Sprit. Ich weiß nicht mehr, wie Carlo nach Frankfurt kam, aber am Abend lud er mich zum Italiener in Frankfurt ein.

Noch eine Episode

In den Semesterferien arbeitete ich in Berlin. Bei Freund Hellermann. Ein toller Architekt, bei dem ich viel gelernt habe. Er war sehr großzügig. Außerdem bekam man auf jede verdiente Mark 10% Berlinzulage. Vom Staat.

Von Wien nach Berlin sind es über Regensburg, Nürnberg etc. ca. 1100 km. Über Brünn, Prag und Dresden ca 400 weniger.

An der tschechischen Grenze wurde man noch so richtig gefilzt. „Machen Sie den Motor auf!" deutete der Zöllner auf den vorderen Kofferraumdeckel. Ich habe selten jemanden so verdutzt gesehen, als da kein Motor war. Ihm ist regelrecht „das Kinnladl runtergefallen", wie die Österreicher sagen.

Er ging auf die Knie. Nicht vor mir, sondern um sich vom Auspuff aus nach vorn zum Motor vorzugrabbeln. Dabei verbrannte er sich tierisch die Finger. Und saute sich seine schöne Uniform ein.

Naja, wenigstens wusste er jetzt, wo beim VW Variant der Motor ist.

Die Einreise in die DDR bei Zinnwald war nicht weniger nervig. Vor allem deutlich zeitaufwendiger. Damals standen noch nicht die Nutten auf der tschechischen Seite Spalier. (Nach der Wende musste ich meinem 10jährigen Sohn auf einer Reise nach Berlin erklären, was die da machen).

Der Zöllner und Vopo war jung und symphatisch. Soweit man bei Vopos von Sympathie sprechen kann. Er filzte mich. Und entdeckte meinen Bücherkoffer. Unter anderem den Butt von Grass. (Hab ich nie gelesen, war mir zu langweilig). Der Zöllner nahm die Bücher und verschwand. Drei Stunden. Ich glaube, so schnell hat noch nie jemand den Butt gelesen.

In Berlin konnte ich mir nach sechs Wochen Arbeit bei Hellermann einen schicken R5 kaufen, vertickte den Variant. Und war glücklich. Außer darüber, dass der R5 (2 Jahre alt) vorne zwischen Reserverad und Kotflügel schon durchgerostet war.

In den nächsten Semesterferien bei Hellermann konnte ich mir ein Segelboot kaufen. Eine sportliche 420er Jolle. Der R5 bekam eine Anhängerkupplung und wir kamen damit sogar bis nach Terracina, wo wir im Haus von Carlo Rhoerrsen di Camerata (alter Wikingeradel) wohnen durften. Wo ich auch eine spezielle Technik entwickelte, nachts im Schlafzimmer Mäuse zu jagen. Aber das ist eine andere Geschichte.

Im Sommer dann fast täglich zum Neusiedler See, wo wir in Weiden einen Liegeplatz für das Boot hatten. Der Neusiedler See ist so flach, dass man überall stehen kann. Mitten auf dem See ohne Badehose ins Wasser, Judith hochschwanger. Das Boot luvte bei leichtem Wind immer an und blieb dann stehen. Problemlos. Bis sich die Ruderpinne verkeilte und das Boot in eine Richtung verschwand. Ohne Besatzung besonders schnell. Hätte nicht ein angenehmer Zeitgenosse unsere missliche Lage erkannt und das Boot eingefangen, wäre der Tag wohl deutlich schlechter ausgegangen.

Ach so: Der Neusiedler See ist so trübe, das selbst die Fische nix sehen. Sie springen einfach ins Boot. Den ersten haben wir vor Schreck wieder reingeschmissen, den nächsten dann mit dem Paddel erlegt. Igitt sagte ein kleiner Junge am Ufer. Eine Brass! Die stinken ganz übel und haben widerliche Gräten. Naja, am Abend aßen wir dann Wiener Schnitzel.

PS: Dass es kein eigenes Kapitel über den R5 gibt, zeigt, wie angenehm und problemlos diese Autos sind.

Mercedes 180a Ponton

Mercedes 180
Klappe die zweite

Nachdem ich aus Italien zurückkam, legte ich ein Autorestauriersemester ein. Was aber nicht zum gewünschten Ergebnis führte. Außerdem wollte ich in Wien weiterstudieren.

Freund Thomas studierte Kunstgeschichte. Er hatte einen älteren Studienkollegen. Der war Pole. Und Autosattler.
Vor allem aber Pole.
Er versprach mir, das Auto herzurichten und die ganzen Sattlerarbeiten (Sitze etc.) zu machen. Die hat er auch ganz ordentlich gemacht. Und er verlangte einen Haufen Geld..
Da ich in der glücklichen Lage war, ein Jahresstipendium vom DAAD für Wien zu bekommen und meine Eltern in ihrer nicht enden wollenden Großzügigkeit ihre Zahlungen nicht einstellten, brauchte ich nicht mehr als Nachtportier im Hotel zur Oper zu arbeiten. Durch den Wechsel nach Wien war ich nach sechs Semestern fertig. Stramme Leistung! Zehn Semester statt der damals üblichen 16.

Nach dem Studium hatte ich einen Job und wollte endlich den 180er fertig machen.
Aber die Karre war futsch!
Irgendwer meinte, ich solle zur Polizei und Anzeige wegen Unterschlagung gegen den Herrn erstatten. Auf einmal war der Wagen ganz schnell wieder da.

Mein Vater lieh mir seinen Volvo incl. Anhängerkupplung (er hatte wohl noch ein schlechtes Gewissen wegen dem Isetta - Stunt) und ich holte das ganze Mercedes-Konvolut in Braunschweig ab.

Dabei erwischte mich die Polizei, weil ich ziemlich schnell gefahren bin. Auf jeden Fall schneller als 80. Aber nach hinten hat man ja so eine schlechte Sicht. Vor allem, wenn man einen 180er hinter sich herschleppt. Man sieht die einfach nicht. Problem gelöst.

Übrigens: Wussten Sie, dass man in Frankreich mit Anhänger 130 fahren darf?
Die sehen das da deutlich entspannter. Obwohl. Als ich in La Rochelle bei einer Requin Nationalmeisterschaft Leute traf, die mit ihrem zwei Tonnen schweren Requin (Hai-Segelboot) und einem R20 auf der Autobahn 130 gefahren sind, wurde mir doch etwas mulmig. In meinem Segelclub (Etuf Essen) war jemand von seinem Starboot bei

einem ganz banalen Auffahrunfall überholt und erschlagen worden. Der Dampfer wog nur 800 Kilo. Aber das reicht.

Mein Schwager und genialer Bildhauer Oveis hatte in Meerbusch ein tolles Bildhaueratelier. Mit einem tollen Kran. Von einem befreundeten Steinmetz lieh er ein Sandstrahlgerät aus. Wir hoben das Auto hoch und sandstrahlten und grundierten den Wagen rundherum. Leider war ich zu faul, den Motor auszubauen. Obwohl ich ja noch aus früheren Zeiten ganz gut wusste, wie das ging. Das hat sich dann später durch Sand im Motor ganz fürchterlich gerächt.

Mein Vater kannte eine Karosseriebauwerkstatt in Essen-Werden. Dorthin brachte ich das Auto zum Schweißen und Lackieren. Da die Eltern in Urlaub waren, kam das Auto dann zur Endmontage auf den Hof des elterlichen Hauses.

Mein Lieblingsschwager Oveis kam ab und zu vorbei und half mir. Einmal lag ich unter dem Auto und fummelte an dem Tank rum. Irgendetwas lief schief. Er setzte den Tankdeckel ein und ein Schwall Benzin floss mir ins Ohr. Selten solche Schmerzen gehabt. Oveis konnte nix dafür, aber später erzählt er mir, dass dies eine bewährte Foltermethode des persischen Geheimdienstes Savag war. Naja. Wieder was gelernt. Dass sich Benzin und Ohren offenbar nicht vertragen.

Epilog:

Als kleines Dankeschön half ich meinem Lieblingsschwager und meiner Schwester bei dem Umbau des Ateliers in ein Wohnhaus. Klo einbauen, Küche, Wasser, der Vater (Professor für Elektrotechnik) verlegte die erforderlichen Leitungen.

Als der Wagen fertig war und in der Sonne glänzte, der Chrom blitzte, wurde er langweilig. Ich halte auch nicht viel von Clubtreffen, wo man mit Leidensgenossen sonntags in einer Reihe durch die Botanik fährt, zusammen in ein Gasthaus geht, wo es dann meist nur ein Gesprächsthema gibt.

Ich verkaufte den Wagen an Freund Hellermann und erstand einen 190 SL

Fiat Uno

Fiat Uno

Der Fiat Uno (heute auch schon ein Oldtimer) war mein erstes neues Auto. Design Giugiaro.

Gefiel mir einfach. Besonders der Aschenbecher, den man auf dem Armaturenbrett hin und herschieben konnte. Und die vier Türen. Für den Junior, der zu uns gestoßen war. Obwohl der Wagen neu war, hakte das Getriebe. Man kriegte den ersten Gang nicht rein. Ein eigens aus Heilbronn hergeeilter Fiat-Ingenieur versuchte mir weiszumachen, dass das beim Ferrari genauso sei. Sportlich halt. Irgendwann knallte mir auf einer total vereisten Kreuzung ein Taxi hinten rein. Ich habe das kommen sehen, aber den ersten Gang nicht reingekriegt, um abzuhauen. Als der Wagen dann bei ein paar Minusgraden nicht ansprang (ist halt ein Sommerauto für den Süden) reichte es mir. Trotz der noch vorhandenen Garantie.
Sechzehn Anzeigen später meldete sich der erste Kaufinteressent. Ein italienischer Pizzabäcker, der das Ding für seinen Koch kaufen wollte. Nachdem er das Geld (immerhin ein Drittel unter Neupreis) auf den Tisch geblättert hatte, unterschrieb ich die Quittung. Da nahm er den obersten 500.- DM Schein vom Stapel, grinste mich frech an und meinte nur: „Sconto". So sans halt die Italiener.
Da die Nachfrage nach einem Fiat Uno exorbitant gering war, gab ich Ruhe, machte drei Kreuze und ging.
Später habe ich den Wagen noch einmal total verrostet wiedergesehen und war sicher, die richtige Entscheidung getroffen zu haben.

PS Später leuchtete mir dann auch ein, warum das Auto Uno hieß: Einmal und nie wieder!

VW Golf

Von diesem Auto gibt es fast gar nichts zu berichten. Außer dass er fast keinen Sprit brauchte und mit seinem Turbodieselmotor richtig abging. Damals waren die Golfs noch leicht und wogen noch nicht 1,5 Tonnen. Zum Kauf gab's eine Flasche Sekt, nach sechs Jahren vier neue Türen. Durchrostgarantie! Er hat immerhin 500.000 km gehalten. Freund Herwig kaufte ihn dann für seinen Sohn. Wo er noch einige Zeit weiterlebte.

Mercedes 190 SL

Mercedes 190 SL

Nachdem der 180er fertig war, langweilte er mich.Offenbar interessierte mich der Prozess der Restaurierung mehr als das Auto selbst.
Bei der Restaurierung hatte ich allerdings sehr viel über Mechanik gelernt, für einen Architekten recht ungewöhnlich. Ohne diese Erfahrungen hätte ich später nie meine Firma PHOS (Edelstahlbeschläge) gründen können.

Als kleiner Junge fuhr ich mit meinem Vater mal hinter einem 190 SL her. So einen will ich haben! Bis Du Deinen Führerschein hast, gibt es die Dinger nicht mehr, meinte mein Vater vollkommen unromantisch.

Hellermann (Freund und Kollege) kaufte mir in seiner großzügigen Art den tollen 180er für einen noch tolleren Preis ab.

In Karlsruhe lief mir ein 190 SL über den Weg. Der Besitzer war ein richtiger Stenz. Seit Monaco Franze wissen wir ja, was das ist.

Der Wagen hatte TÜV, war komplett (incl.Hardtop) und ein Sanierungsfall. Ich habe eine Baustelle gekauft. Aber einen perfekten 180er gegen einen 190 SL einzutauschen, schien mir ein guter Deal.

In dem gleichen Jahr habe ich mich selbständig gemacht, bin Vater geworden und habe einen 190 SL gekauft. Vor der Restaurierung bin ich mit einem Studienkollegen nach Canazei zum Skifahren gereist. Die neuen Skier von Sportmüller passten gerade in das Auto. Ohne das Hardtop abmontieren zu müssen.

Auf den schneegeräumten Pässen in Südtirol hatte ich das große Problem, dass man wegen der Schneeberge links und rechts nix sah, vor allem keinen Gegenverkehr. Weil man doch relativ niedrig saß. Nach dem Skiurlaub ging es dann nach Ebensee am Traunsee zur Taufe von Sohn Leon. Der Pfarrer war ganz geil auf die Karre und wollte nach dem Taufgespräch unbedingt eine Runde drehen. Er war hin und weg. Was ihn aber nicht dran hinderte, uns während der Taufe vor Verwandten und Freunden als atheistische Materialisten zu beschimpfen.

Sehr peinlich! Da hat sich sogar meine fromme Mutter aufgeregt.

Später ist der dann aus der Kirche geflogen und „entamtet" worden. Weil er im ÖKM (österreichisches Kontakt- Magazin) mit Nacktfotos von sich und seinen Kronjuwelen eine Frau für gewisse Stunden gesucht hat. Sic transit Gloria mundi.

In Karlsruhe fuhr ich dann zu Freund M. Er wollte das Ding „restaurieren". Nach einem halben Jahr und 35.000.- DM weniger stand das Ding dann fertig in meiner Garage. Da der Junior sehr nachtaktiv war, zog ich mich dann nachts immer von elf bis drei in die Garage zurück und baute das Ding zusammen.

Irgendwann war alles fertig und bekam sogar TÜV. Die ersten Fahrten verliefen enttäuschend: Der Wagen sieht nur schnell aus. Von den Fahreigenschaften unterschied ihn nichts von meinem 180 Ponton. Gleiches Fahrwerk, nur der Motor war etwas stärker. Für mich ein großer Flop. Auf einer Fahrt nach Salzburg zu Freunden stand ich am Gaisberg plötzlich quer, weil ich in einer Haarnadelkurve wohl etwas zu früh Gas gegeben hatte. Glück gehabt. Nix passiert.

Zurück in Karlsruhe hörte ich ein entsetzliches Geräusch. Lagerschaden! War mein erster Gedanke. Obwohl der Motor überholt wurde. Ich fuhr zur Mercedes Benz- Vertretung in Karlsruhe. Damals kannten die sich noch etwas aus mit diesen Autos. Das ist die Steuerkette! (Beim 190 SL wird die oben liegende Nockenwelle durch eine Steuerkette über die Kurbelwelle angetrieben.)
Kein Lagerschaden. (Gott sei Dank!) Der Kettenspanner hat seinen Geist aufgegeben. „Es gab einen Reparatursatz" Die Betonung lag auf „gab" Aber das Ersatzteil gibt es nicht mehr.

Was tun? Der Mercedesmeister wusste einen Rat: Hier in der Schoemperlenstraße (benannt nach der Mercedesvertretung) gibt es einen Typen, der ein mechanisches Genie ist. Der kann Ihnen helfen.
So lernte ich Stefan Stähle, den „besten Mechaniker aller Zeiten" (frei nach Ephraim Kishon) kennen. Er hockte in einer Tiefgarage unter irgendeinem Lagerhaus.
„Jaja, das Problem kenne ich". Der Steuerkettenspanner beim 190 SL wird über Öldruck erzeugt. „Wir bauen den aus und bauen einen vom 300 SL ein". Hörte sich gut an. Für knapp 300.- Mark war das Problem aus der Welt. Das Schmuckstück fuhr wieder ohne das Mark- und Nerven erschütternde Geräusch.

Freund und Kollege Euan Borland aus dem Architekturbüro Kasimir (Erbauer der Europahalle in Karlsruhe) fand den Wagen so toll, dass er auch einen haben wollte.
Irgendwie fand ich einen mit dem Lenkrad auf der falschen Seite. Ich war fasziniert, mit was für einem gigantischen Aufwand die das Lenk-

rad auf die rechte Seite verlegt haben (Die Schweden waren schlau und haben Anfang der Sechziger auf Rechtsverkehr umgestellt. Die chaotischen Österreicher hatten übrigens vor dem Krieg von Bundesland zu Bundesland Links- oder Rechtsverkehr)

Euan Borland kaufte die Karre. Und beauftragte Firma M. aus K. mit der Restaurierung (nicht zu verwechseln mit dem Herrn K. aus K., der mir meinen 190 SL verkaufte)

Die Restaurierung schritt voran, kostete Unsummen. Irgendwann wurde Herr M. aus K. (Inhaber der Firma M.) wegen fortgeschrittenen Wahnsinns entmündigt. Da ich mich ein bisschen verantwortlich für meinen Freund Euan aus Schottland fühlte, versuchte ich, den Wagen für ihn herauszubekommen. Vormund war ein gewisser Herr Treffinger. Ein charmanter älterer Herr. Er spielte French Horn. Hinreißend!. Seitdem bin ich ein bekennender Frenchhorn-Liebhaber. Aber es gelang mir leider nicht, das Auto für meinen Freund Euan zu bekommen. Selbst stundenlange Telefonate mit den Eltern des Herrn M. (de jure Inhaber der Firma) nutzten nichts. Die wollten einfach nicht zugeben, dass ihr Sohn einen Schatten hat.

Irgendwann hat Freund Euan doch seinen 190 SL zurückbekommen. Aber er funktionierte nicht. Ich habe ihm dann den besten Mechaniker aller Zeiten empfohlen. Der hat das Ding zum Laufen und über den TÜV gekriegt. Aus den darauf folgenden Auseinandersetzungen habe ich mich dann rausgehalten.

Mein 190 lief prima, meine Bauherrinnen stritten sich mit Ihren Nachbarn, wessen Architekt das geilere Auto fährt (Frau P. aus K. z.B.) Manchmal habe ich den Wagen auch um die Ecke stehen lassen und bin zu Fuß gegangen, weil mir das Ding zu tuntig war.

Der Solex Vergaser bei dem Auto war ein Problem. Die Drosselklappen schlugen aus und zogen Nebenluft.
Ein Leidensgenosse aus dem 190 SL Club gab mir den Tipp, zu einem Mercedes-Spezialisten nach Kirchheim Teck zu fahren. Der schmiss den Solexvergaser raus und baute mir einen vom 220/8 ein. (Das sind die hässlichen Taxis und Heckflossennachfolger.)

Die Kiste lief super, der Verbrauch dezimierte sich. Am nächsten Wochenende war 190 SL Treffen in Regensburg. Ich fuhr hin, nicht ohne unter gravierenden Wassereinbrüchen zu leiden. Die Suppe kam durch das Verdeck und aus den Türen.

Oldtimertreffen sehen so aus, dass man hintereinander durch schöne Landschaften fährt, dann in eine schöne Stadt, sich auf dem Marktplatz aufstellt und sich von irgendwelchen Leidensgenossen anhören muss, was an deiner Karre nicht original ist. Lauter Besserwisser!

Mein Auto bekam in Regensburg einen Preis. Für eine perfekte Restaurierung!

Aber der Typ, der mir den falschen Vergaser eingebaut hatte, saß in der Jury. „Honi soit qui mal y pense"

Der Rest ist schnell erzählt

Beim 190 SL Club kaufte ich von einem „Freund" einen Satz Weißwandreifen. Die dann bei ca 180 km auf der Autobahn ihren Dienst quittierten. Ich kam mächtig ins Schleudern, verfehlte nur knapp die Leitplanke. Wieder Glück gehabt!

Für Sohn Leon baute ich einen Kindersitz ein. Mit Sicherheitsgurt.
Als die Frau dann darauf bestand, dass man auch bei 30 Grad nicht offen fahren solle, weil sich das Kind verkühlen könne, ließ ich ab vom 190 SL und kaufte einen VW Passat (Pampersbomber), über den es aus verständlichen Gründen nur ein kurzes Kapitel gibt.
Eines der langweiligsten Autos dieser Welt! Trotzdem verdanke ich ihm die Erkenntnis, dass das ABS beim Rückwärtsfahren auf vereister Straße nicht zu funktionieren scheint. Ist mir passiert. In Österreich. Beim Skifahren. An einem Berg.

Intermezzo: Oldtimertreffen

Der Oldtimerfan neigt zur Rudelbildung

In der Zeitschrift „Markt für klassische Automobile" gibt es seitenweise Ankündigungen solcher Treffen. Mittlerweile hat nicht nur jede Marke, sondern auch jede Baureihe dieser Marke ihren eigenen Verein.

Man trifft sich irgendwo auf einem Parkplatz. Viele kommen gar nicht mehr auf eigenem Kiel, sondern schleppen ihr Schmuckstück auf einem Hänger zum Treffen. Dann geht es los. Wahlweise durch schöne Städte oder blühende Landschaften. Alle in einer Reihe. Man sammelt sich auf einem historischen Marktplatz oder vor einem Gasthaus in idyllischer Natur. Wieder alle in einer Reihe. Wie beim Militär!

Dann gibt es einen „Concours d'Elegance". Die ganzen Autos werden von Besserwissern befachsimpelt. Wichtiger als die Qualität der Restaurierung scheint die Originalität. Mein 190 SL hatte nicht den Original Solex-Vergaser, bei dem schlugen nämlich immer die Drosselklappenwellen aus und dann fuhr der Wagen nicht mehr richtig. Mein Wagen hatte einen Strich-Achter (Taxis der Siebziger) - Vergaser. Den hatte mir ein Mitarbeiter von Mercedes, Oldtimerbeauftragter von Mercedes, an einem schönen Sommertag in seinem Vorgarten vor seiner Garage in Kirchheim/Teck eingebaut.

Trotzdem bekam ich einen Preis für mein Auto. Der Mercedes- Mitarbeiter war nämlich Mitglied der Jury.

Der Mercedes und der Benz kommen ja eigentlich aus Ladenburg. Da es die Stuttgarter bis heute nicht verwunden haben, dass der Mercedes eine badische und keine schwäbische Erfindung ist, „schaffet se" beim Daimler und nicht beim Benz. Mercedes ist übrigens der Name der Tochter eines Wiener Importeurs. Den Stern hat Carl Benz auf eine Postkarte an seine Frau gemalt, um ihr zu zeigen, in welchem Hotel er in Köln wohnt.

Gottlieb Daimler war der Motorenspezialist aus Schorndorf und entwickelte mit Maybach den ersten schnelllaufenden Benzinmotor. Übrigens: Gottlieb Daimler und Carl Benz haben sich nie persönlich kennengelernt.

Fiat 124 Spider

Fiat 124 Spider

Eines Tage fragt mich mein Nachbar in der Tiefgarage, der meine diversen Autos gesehen hatte, ob ich nicht Interesse an dem Fiat Spider seiner Mutter hätte. Er sei rot und in einem guten Zustand. Als ich ihn sah, war ich begeistert. Frühes Modell, noch die schönen Chromstoßstangen und nicht die hässlichen schwarzen Kunststoffteile, die eher an ein Gummiboot erinnern und dazu besser passen würden. Und der überwältigende Sound. Die Italiener wussten halt, wie man „bella figura" macht.

Der Frau gefiel das Ding auch. Es hatte hinten auch richtige Sitze. Allerdings keine Gurte. Damals brauchte man so etwas noch nicht. Obwohl ich schon mehr als drei Millionen Kilometer gefahren bin, habe ich noch nie einen Gurt gebraucht. Aber wenn´s mal kracht, sind die schon gut.

Frau und Kinder waren begeistert. Man durfte sogar offen fahren. Aber die Kids waren da ja auch schon größer.

Der Wagen war schön, robust und zuverlässig. Er hat als einziger nie die „Officina" von Freund Stähle von innen gesehen. Daher gibt es auch keine Abenteuer, von denen man berichten kann. Außer einmal, da kamen meine Eltern, die uns immer sehr großzügig unterstützt haben, zu Besuch und ich musste das Auto in der Garage verstecken. Naja, drei Autos sind ja auch ein bisschen viel für eine junge Familie. Als die Frau dann wieder nach Wien zog, wollten wir das Auto nicht mehr. Der Verkauf erwies sich als ähnlich lethargisch wie der des Fiat Uno.

Endlich kam ein einziger Interessent. Er war begeistert ob des originalen Zustandes und des frühen Baujahres. Er war Fiat Händler aus Heilbronn. Er zeigte mir die Schwachstellen des Autos. Irgendwo unter dem Kotflügel und hinter den Stoßdämpfern. An einer Stelle, die man nicht sehen, sondern nur ertasten kann. Mir wurde ganz anders und ich war sehr froh, dass er den Wagen kaufte.

Noch einmal mit einem blauen Auge davongekommen. Und keinen Verlust gemacht. Wenigstens etwas.

Volvo 1995

Volvo 850

Als ich bei meinem nächsten runden Geburtstag im Casino Baden-Baden 12.000.- DM gewann, kaufte ich eine Flasche Champagner, eine Ladung Kaviar, und die Schecks meiner Freundin zurück, die sie in einem Anflug von Wahnsinn ausgestellt hatte. Damals war das Casino noch deutlich nobler als heute.

Am nächsten Tag fuhr ich dann nach Mailand zur Möbelmesse. Ich übernachte da immer am Lago di Como. Weil es da schöner und die Luft besser ist. Der Volvohändler in Como hieß Rezzonico. Der Volvo 850 Kombi kostete dort mit Klimaanlage und Ledersitzen nur 38.000.- DM,. 3,8 Millonen Lire. In Deutschland 68.000.- DM. Dank meiner Umsatzsteueridentnummer brauchte ich die italienische Mehrwertsteuer gar nicht erst zu zahlen. Als der Wagen kam, fuhr ich mit roter Nummer und mit der Freundin an den Comer See. In ihrem Renault Espace konnte man prima übernachten. Ich kenne eine Stelle in Carate Urio, wo es einen Parkplatz mit Wasserhahn gibt. Heute wohnt da George Clooney. Wahrscheinlich wegen dem Wasserhahn.

Mit den roten Nummern darf man nicht durch die Schweiz fahren. Also zurück über den Brenner. Nach Österreich rein wurde man einfach durchgewinkt. Die Einreise nach Deutschland dauerte etwas länger. Ich musste dem Polizisten an der Grenze erklären, wie das funktioniert. Ein Auto aus Italien zu importieren.

Zulassung, TÜV etc, war problemlos und nach einem halben Tag erledigt. Probleme machte die Klimaanlage, die ständig ausfiel. Da die Garantie europaweit gilt, war Volvo zuständig. Die schickten einen dann immer zu Bosch, weil sie sich nicht auskannten. Irgendwann ging gar nichts mehr und Volvo behauptete, der Verdampfer der Klimaanlage sei hin. Kosten 5000.-DM. Ein Anruf bei Rezzonico reduzierte die Reparaturkosten auf 2500.- DM.

Nächste Möbelmesse: ab nach Italien. Abgesehen davon, dass wir auf dem Rückweg am Gotthard einschneiten und 20 Stunden im Schneechaos steckten, war die teure Reparatur erfolglos. Bosch stellte fest, dass Volvo unrecht hatte, es gar nicht der Verdampfer der Klimaanlage war, sondern lediglich ein Magnetschalter für ca 70.- DM.

Der Wagen hielt noch 500.000 Kilometer und wurde dann an eine Schwedischlehrerin verkauft. Irgendwann rief sie an und erzählte, wie begeistert die Schweden von dem Zustand des Autos seien. 500.000 km und null Rost. Das einzige Problem war, dass ein Mitarbeiter (der Wagen wurde als Firmenwagen genutzt) zu viel Öl einfüllte. So dass es die Dichtringe der Kurbelwelle heraus drückte und der Wagen eine Ölfahne hinter sich herzog. Aber der Mitarbeiter war damals bei der Bundeswehr und hat dem Wagen wohl die Panzerration eingefüllt.

Mercedes 220 S (Ponton)

Mercedes 220 S Ponton I

Rudolf E. (das war der, der mich mit der Isetta über den Tisch gezogen hatte und deshalb ganz jung gestorben ist), fuhr einen schwarzen 220 S Ponton. Ich war so beeindruckt, dass ich so ein Auto haben wollte.

Im Markt (für klassische Automobile) wurde ich fündig. Das Ding kam aus Kalifornien, rostfrei und angeblich fahrbereit. Stand in Oldenburg im Zollhafen, war aber verzollt.
Stefan, der beste Mechaniker aller Zeiten nickte mit dem Kopf und meinte: „Bei dem Preis (4000.- DM) kann man sich nicht vertun. Wenn Du die Karre in Einzelteilen verkaufst, kriegst Du das Doppelte."

Also auf nach Oldenburg.

Bei der Karlsruher Autovermietung „Rent a Wrack" mietete ich einen Ford Transit incl. Autotransportanhänger. Wobei sich der Anhänger später noch mehr als Wrack als der Transit herausstellte.

Der Transit war so geräumig, dass ich mit Freundin Angela bequem übernachten konnte.
Der Mercedes erwies sich als relativ rostfrei und ich kaufte ihn. Er fuhr sogar noch. Auf den Abschlepphänger.
Zu dem Auto bekamen wir noch jede Menge Ersatzteile. Das machen die Leute immer so, damit sie ihren ganzen Schrott loswerden. Aber der zweite Motor hat sich hinterher noch als ganz gut herausgestellt.

Die Rückfahrt verlief relativ ruhig. Der Transit war mit Ersatzteilen so vollgerammelt, dass wir dort nicht mehr übernachten konnten. Auf der Höhe von Olpe versagte ein Reifen des Autoanhängers. Raus auf den nächsten Parkplatz. Dort stand dummerweise eine Polizeistreife. Die langweilten sich und inspizierten das alte Auto. And now?
Bei der Inspektion mit den „Kiewerern" (so heißen die Polizisten in Österreich), stellte ich fest, dass der alte Mercedes die gleiche Reifengröße und Felgen wie der Anhänger hatte. Und die Polizisten stellten fest, dass die Reifen zu alt waren, um damit noch zu fahren.

Wagenheber raus, das Rad von dem alten Mercedes abgebaut. „Mit dem dürfen Sie aber nicht mehr fahren," verwies ein naseweißer Polizist auf das Produktionsdatum des Oldtimerreifens. Höchstens noch bis zur nächsten Tankstelle. Und das am Samstagnachmittag in der sauerländischen Pampa (bei Olpe).

Ich montierte das Uraltrad von dem Oldtimer an dem Transportanhänger. Und der Tag hatte wieder Struktur.

Die von den Polizisten vorgeschriebene Ausfahrt Olpe habe ich nicht gefunden. (Vielleicht war die Beschilderung im Sauerland etwas unzureichend)

Das Auto kam in Neulauterburg bei Lauterbourg , (Frankreich) zum besten Mechaniker aller Zeiten.

Schnell den Transit und den Anhänger zurück zu „Rent a Wrack", nicht ohne den Versuch zu unternehmen, den ersetzten Reifen incl. Felge mit dem Mietpreis zu verrechnen. „Wenn Du ein Wrack mietest, brauchst Du Dich nicht zu beschweren" meinte der Inhaber Herr S. aus K.

Ein paar Tage später ein Anruf aus Neulauterburg, vom besten Mechaniker aller Zeiten: „Komm mal vorbei, ich muss Dir was zeigen".

Nach der Fahrt nach Lauterburg wusste ich, wie man in Kalifornien Blechschäden und Beulen beseitigt: Man bohrt Löcher in die Beule, damit das Prestolith (Kunstharz) besser hält. An dem Wagen waren bis zu 3,5 cm dicke Kunstharzschichten, mit denen man die diversen kalifornischen Crashs optisch verschönert hatte.

Dann war ich der Meinung, dass der Wagen ein Schiebedach braucht. Die Stoffdächer sind sehr groß und man fühlt sich wie in einem Cabrio, ohne so ordinär auf dem Präsentierteller zu sitzen.

Eine Anzeige im „Markt" brachte den Hinweis, dass ein kompletter 220 S in einer Scheune des Technikmuseums Waldbronn im Albtal bei Karlsruhe steht.
Das waren wirklich Spezialisten. An den Wagen kam man nur heran, wenn man die Außenwand der Scheune entfernte. Auf den schönen Mercedes hatten die mit einem Gabelstapler noch einen alten DKW gepackt. Dann hatten die das Kühlwasser nicht abgelassen, Motor, Kühler, Wasserpumpe, Wärmetauscher, Heizung: alles vom Frost zerstört. Aber das Schiebedach war noch ok. Obwohl ein DKW darauf lag. Aber damals hatte Mercedes noch eine gewisse Qualität.

Dann hatte ein genialer Karosseriebauer die noch genialere Idee, das Dach an den sechs Holmen abzuflechsen und in mein Auto einzubauen. Was dazu geführt hat, dass die vier Türen nie wieder richtig gepasst haben. Heute neigt man eher dazu, die Dachfläche herauszuschneiden und das neue Dach einzusetzen, ohne die Holme zu tangieren. Das ging wirklich an die statische Struktur des Autos.

Naja, hinterher ist man meist schlauer. Und ich auch.

Die weitere Restaurieung verlief problemlos und teuer. Das Finanzamt anerkannte die Kosten als Betriebsausgaben (In kreativen Berufen gehört ein Oldtimer ja heute zum Muss).

Oldtimer sind interessant, wenn man sie restauriert. Kaum fertig, sind sie laut, teuer und unpraktisch.

Auf der Veterama in Mannheim fand ich dann mein nächstes Opfer. Obwohl ich mich eher als Opfer meiner Autoleidenschaft fühlte.

Mercedes 220 S (Ponton)

Mercedes 220 S Ponton II

Auf der Veterama in Mannheim lernte ich einen jungen Mercedesfreak kennen.

Er schwärmte von seinem 220 S Ponton, erste Hand, Schiebedach (Original, nicht so ein Gefummel wie bei dem schwarzen, siehe oben) Anhängerkupplung. Direktionsfahrzeug der BASF. Offenbar fuhr man in den fünfziger Jahren mit Mercedes und Motorboot an den Gardasee. Als Direktor.

Das Ding kostete 4000.- Euro. Der Preis war ok, die mitgelieferten Ersatzteile erheblich. Man kann mit dem Verkauf der „Ersatzteile" ganz gut seine Garage entleeren (siehe oben).

Das Ding kam zu Stähle in die „Werft".

Ich erinnere mich noch, wie ich mit Stähle das jüngste Objekt der Begierde begutachtete.

Das Schiebedach war original, Die Spaltmaße der Türen hätten nicht besser sein können. Lediglich ein bisschen Rost unter den vorderen Innenkotfügeln. Elfriede beömmelte sich (lachte sich halbtot), wie zwei erwachsene Leute sich so für einen offensichtlichen Schrotthaufen begeistern können.

Die Restaurierung war aufwändig, langwierig und teuer!

Als der Wagen fertig war, war er zu schön, um damit zu fahren.

Einmal parkte ich rückwärts ein gegen einen Poller. Schaden: 1500.- Euro für ein Stoßstangenmittelteil. Aus Chrom.

War mir zu teuer und ich verkaufte den Wagen.

Die Kürze des Kapitels lässt darauf schließen, wie langweilig Oldtimer sein können.

Mercedes 220 SE (Heckflosse)

220 SE Heckflosse

Freundin Elfriede brauchte ein Auto. Für ihren Designladen. Damit ich sie nicht immer durch die Gegend chauffieren musste.

Ich fragte Freund Stefan, was man da machen könnte.

„Wieviel willste denn ausgeben?" „Naja, so 10.000.- (DM)!" „Dafür kriegste ja noch nicht einmal einen gammeligen Golf."

Stefan hat seine Werkstatt an der französischen Grenze. Und kaufte in Lauterbourg im „Maison de la Presse" immer den „Retroviseur", eine französische Oldtimerzeitschrift mit Kleinanzeigen. „Du, ich hab da was für Dich," rief er mich an.

Es war eine große Heckflosse 220 SE (Einspritzmotor). Das Ding sollte 30.000.- Franc kosten, damals 8.000.- DM

Besitzerin war eine ältere Dame aus Paris, Witwe eines Heizungsinstallateurs. Das Paar hatte in Cannes eine Zweitwohnung. Das Auto fuhren sie nur im Sommer. Knapp 100.000 km. Was für ein 40 Jahre altes Auto nix ist. „C´etait la cherie de mon mari!" betonte die ältere Dame. „Das war die Geliebte meines Mannes". Also ich hätte eine lebendige vorgezogen. Statt einer aus Blech. Immer wenn die in Urlaub fuhren, ging Monsieur als erstes in die Tiefgarage und setzte sich in sein Auto.

Also auf nach Cannes. Freund Herwig hatte Lust mitzufahren. Und ich brauchte einen Chauffeur für die Rückfahrt. Wir fuhren über Mailand nach Ventimiglia. Zu Achim. Der war Zahnarzt und Bruder von Freundin Angela. Irgendwann hat der da unten mal eine Praxis gekauft und hockt seitdem in Italien. Er war damals MG - Fan und belächelte meinen Mercedes-Enthusiasmus.

Am nächsten Tag führte uns die Concierge in die Tiefgarage mit dem Mercedes. Das Auto war ein Traum. Keine Kinder, kein Hund. Es war innen nahezu jungfräulich, pardon neuwertig. Außen ein paar Beulen, an den Stoßstangen die in Frankreich üblichen Hörner mit Gummis. Die brauchte man früher für das Einparken, um die Autos vor und hinter sich etwas zusammenzuschieben. Handbremse anziehen war verpönt.

Das Auto hatte eine Pariser Nummer. Aber die Concierge versicherte, dass der Wagen ausschließlich in Cannes gewesen sei. Seit dieser Geschichte habe ich eine Karte der französischen Departements. (Es blieb natürlich nicht bei diesem einen Kauf in Frankreich.) Man kann zwischen rostfreien und rosthaltigen Departements unterscheiden. Mit Autos aus Finisterre oder Loire Atlantique sollte man vorsichtig sein. Alpes Maritimes 06 (Nizza, Cannes), Var 83 (Toulon), Bouches du Rhone 13

(Marseille) sind meist rost- eis- und salzfrei. Obwohl ich mit einem BMW 2002 aus St.Tropez ziemlich auf die Nase gefallen bin: Der Typ war mit einer Bretonin (Finisterre, 29) verheiratet.

Die Unterteilung Frankreichs in Departements hat übrigens Napoleon eingeführt. Sie wurden alphabetisch geordnet und dann durchnummeriert.

Der Versuch, den Boliden zu starten scheiterte. Natürlich hatte ich eine Batterie und einen Kanister mit Benzin dabei. Außerdem blockierten die Bremsen. Nachdem uns die Concierge mitteilte, dass der Wagen seit 3 Jahren nicht mehr bewegt worden war, gab ich auf und fragte sie nach einem Mechaniker.
Der war um die Ecke und hatte ein Schild in seinem Fenster, dass bei ihm die Stunde 90 Franc, ca 25.- Euro, koste. Paradiso!
Da er keine Zeit hatte, meinte er, wir müssen mit einer Woche rechnen. Also zurück auf der Route Napoleon (ziemlich langwierig) nach Karlsruhe. Nach 3 Tagen kam ein Anruf, der Wagen sei fertig und koste 900.- Franc. (250.- DM).

Freund Stefan meinte, es sei wohl besser, wenn er den Wagen hole. Und buchte einen Flug nach Nizza. Und dann kam Lothar, der Sturm. Und ein Flug nach Nizza war wochenlang unmöglich.
Nach sechs Wochen war der Wagen dann da. Stefan fuhr von Cannes nach Karlsruhe. Mit den französischen Kennzeichen. Ob der Wagen versichert war, habe ich lieber nicht gefragt.

Nach 3 Tagen hatte er TÜV, ein tolles H-Kennzeichen und Elfriede war glücklich.
Auf der Fahrt nach Hause fuhr die ganze Zeit ein Ferrari um sie herum, um das Auto zu bestaunen. Da war sie mächtig stolz! Und Stähle dankbar für den guten Tipp.

Es kam aber alles anders.

Die Heckflosse wurde gestohlen. Aus der Werkstatt vom Stähle. Ich hatte den Wagen in die Werkstatt gebracht, weil die Fußpumpe vom Scheibenwischer nicht funktionierte. Eigentlich eine Kleinigkeit.
Das Auto stand auf der Straße, als ein Mensch in die Werkstatt kam und um einen Schraubenschlüssel bat. Sein Auto stehe in Frankreich und er müsse die Batterie ausbauen und aufladen lassen. Als Stähle sich herumdrehte, um ihm den Schraubenschüssel zu geben, klaute der den Mercedesschlüssel vom Schlüsselbrett. Und holte sich am

nächsten Tag, es war Fronleichnam, in aller Ruhe das Auto.
Stähle bemerkte den Diebstahl erst am nächsten Montag.

Elfriede und ich waren nach Murano gefahren, um bei Venini Vasen und Glas für den Laden zu kaufen. Die Verkäufer hatten uns ein kleines Restaurant empfohlen, wo auch die Arbeiter hingehen. Das sind meist die besten. Beim Essen rief Freund und Compagnon Matthias an: Du Andreas, die haben Eure Heckflosse geklaut. Beim Stähle vom Hof. Elfriede brach sofort in Tränen aus. „Meine schöne Heckflosse" jammerte sie pausenlos.

Stähle erstattete in Wörth Anzeige, wir plakatierten Fotos in der Umgebung und setzten eine Belohnung aus. Nichts, Nada, Niente.

Irgendwann war ich mittags zu Haus, ich hatte mein Handy vergessen. Das Auto war auch schon fast vergessen und ich dachte über neue Verrücktheiten nach. Als das Telefon läutete. Polizei Luxemburg! „Können Sie nicht lesen?" brüllte mich ein Sergeant an. „Ihr Auto steht als einziges auf dem Festplatz! Und überall steht laut und deutlich, dass da morgen ein großes Volksfest ist,". Na prima, dachte ich. „Haben Sie denn nicht mitbekommen, dass das Auto als gestohlen gemeldet ist?" fragte ich. Schweigen. Mit so einer Antwort hatte der Polizist wohl nicht gerechnet. Er wollte dann wissen, wo die Anzeige erstattet wurde. Ich gab ihm die Telefonnummer der Polizei in Wörth. „Aber das Auto sieht ziemlich verschrammt aus," sagte er zögernd im charmanten Akzent eines Jean Claude Juncker.

Offenbar war der Typ mit dem Wagen an einer Bruchsteinwand längsseits gegangen.

Stähle war erleichtert. Er fuhr sofort nach Luxemburg, um den Wagen zurückzuholen. Als er dort ankam, stellte er fest, dass er keinen Schlüssel hatte. Er dachte wohl, dass ihn der Ganove mit einem freundlichen Lächeln auf dem Polizeihof empfängt und ihm den Schlüssel überreicht.

Der Zweitschlüssel hing bei mir hoch und trocken in der Wohnung. Der zweite Versuch klappte dann. „Schau Dir die Karre besser nicht an. Die sieht ziemlich Scheiße aus. Der Typ hat mit seinem Hund darin gewohnt.". Vielleicht war das ja der Grund, warum er sich von Golf auf Mercedes vergrößern wollte. Sein Pech: Er konnte kein Französisch und die Schilder auf dem Festplatz nicht lesen.

Stähle regelte alles mit der Versicherung. Rundrum neuer Chrom, neue Lackierung unterhalb der Gürtellinie. Obwohl die Originallackierung bei richtigen Enthusiasten immer höher geschätzt wird als eine Neulackierung. Aber dieser Wertverlust wurde durch den neuen Chrom mehr als wettgemacht.

Noch eine Episode.
An einem der letzten schönen Sommertage im September beschlossen Elfriede und ich, nach Starnberg zum Segeln zu fahren. Rauf auf die A8 Richtung München. Wir kamen bis Pforzheim. Da wurde der Wagen immer langsamer. Raus auf den nächsten Parkplatz. Geschaut, was er hatte. Nichts gefunden. Plötzlich fuhr er dann wieder. Bis zum nächsten Parkplatz. So hangelten wir uns dann von Parkplatz zu Parkplatz . Bis nach Starnberg.
Dort am nächsten Morgen (es war Samstag) zu Mercedes in die Werkstatt. Auf der Bühne stellte der Mechaniker fest: „Hinter dem Tank ist ein Benzinfilter, der da nicht hingehört". Ausbauen konnte er ihn nicht, es fehlte ein passender Schlauch. Und alle Läden hatten zu.
Freund Stähle angerufen- „Was hast´n da gemacht?" Er: „Der Tank war voller Sand (wohl noch von der Côte d´Azur) und ich habe Dir zusätzlich einen Maserati-Filter eingebaut." Zur Sicherheit. Na Servus.
Am Sonntag fuhren wir dann gen Karlsruhe. In Augsburg meinte Elfriede völlig genervt: „Wir fahren mit dem Zug zurück" Also in Augsburg ab in die Tiefgarage. Und mit der Bahn nach Karlsruhe. Stähle hat den Wagen dann geholt und das Ding wieder ausgebaut. Der Wagen fuhr wieder.
Fazit: Man sollte keine Maseratifilter in einen Mercedes einbauen. Es scheint da wie bei Organtransplantationen gewisse Unverträglichkeiten zu geben.

Das Ende der Geschichte ist schnell erzählt.
Irgendwann wollte ich meinen schönen schwarzen Ponton verkaufen (ich hatte ja mittlerweile als neues Opfer, einen wunderschönen grauen aus erster Hand) und der schwarze war, da fertig, völlig uninteressant.

Interessenten kamen und gingen, kauften nicht. Bis ein vermögender Tabakhändler aus dem Harz in der Garage neben dem Ponton die Heckflosse sah. „Den will ich haben." Er war offenbar Böhringer-Fan und dieser hatte wohl in seiner Jugend 1964 mit so einem Ding die Ralley Monte Carlo gewonnen. Seine Angebote überschlugen sich und irgendwann machte ich Elfriede klar, dass das Ding mangels ABS und sowieso zu schade für den Alltagsgebrauch sei. Ich versprach ihr einen schönen 300 SE, Baureihe W 126. Elfriede nickte mit dem Kopf und das Geschäft war perfekt.

Epilog

Irgendwann besorgte ich aus Südfrankreich noch einmal so eine Heckflosse. Aus der Nähe von Aix en Provence. Sah toll aus, rostfrei! Als der Wagen dann hier war, stellte sich heraus, dass der Wagen schwere Steinschlagschäden hatte und der Motor irgendwie verkorkst war. Mit Müh und Not verkaufte ich das Ding in Mannheim auf der Veterama. Zum Einkaufspreis sozusagen. Der Käufer hat das Ding wohl nur wegen seiner rostfreien Türen genommen.

Mercedes 300 SE 3,5

Mercedes 300 SE 3,5

Die Geschichte begann mit einer Reise nach Toul in Lothringen. Mitten im Winter.
Stähle hatte im Retroviseur einen 300 SE Coupe entdeckt. Das ist das Coupé von der Heckflosse aus den 60er Jahren. Damals war Stähle noch nicht mit seiner neuen Frau verheiratet und durfte noch in der Weltgeschichte rumfahren. Um Autos zu kaufen. Und nach 18 Uhr nach Hause kommen.

Da ich mich in Toul nicht auskannte und noch kein Navi hatte, verabredete ich mich mit den Typen vor dem Bahnhof. Als die mit dem Wagen ankamen, sah ich bereits im Rückspiegel, was für ein Schrotthaufen da vorfuhr. „Wir hauen jetzt einfach ab, die Karre ist Schrott. Kostet nur Zeit die anzuschauen." Aber Stähle war neugierig und beharrte auf einer Besichtigung. Aber diese brachte nur den desaströsen Zustand des Wagens noch deutlicher zutage. Wenn man das schon im Rückspiegel erkennt…

Auf der Rückfahrt studierte er den Retroviseur. „Du, hier ist noch ein 300 SE Baureihe W119 mit 3,5 Liter V8 Motor, steht in Südfrankreich, Departement 13 (Bouches du Rhone), kostet 8000.- Euro., hat nur 70.000 km." Ich war mäßig begeistert. Obwohl diese Baureihe vom Design sehr attraktiv ist und noch nicht über den barocken Protz der Nachfolgegeneration verfügte. Williy Brandt fuhr so einen Ende der sechziger Jahre als Dienstwagen.

„Geil!" meinte mein Mitarbeiter. „So einen will ich haben. Als Dienstwagen. V8 ist meine Leidenschaft!" Manchmal habe ich den Eindruck, dass extrem kleine Männer extrem große Autos haben müssen.

Also kaufen! Stähle fuhr nach Marseille (13, Bouches du Rhone) und holte den Kübel. Ob zugelassen und versichert weiß ich nicht. Aber ich wollte es auch gar nicht so genau wissen. Es stellte sich heraus, dass es der Wagen vom Polizeipräsidenten von Marseille war. Nach 4000.- weiteren Euros hatte das Ding TÜV und eine H-Zulassung. Er war wirklich schön: Weiß, braunes Leder, elektrische Fensterheber, leider kein Schiebedach. Mein Mitarbeiter (firmenintern Pitbull) war mächtig stolz. Und konnte mit seinem V8 richtig angeben (posen nannte er das)

Leider nicht unter 25 Liter pro 100km. Aber der fuhr ja immer recht zügig, um es mal vorsichtig auszudrücken. Wir nannten ihn Monsieur Vollgas. Aber kleine Männer brauchen das wohl.

Als mir das zu teuer wurde, verkaufte ich den Wagen an den Compagnon von Freund Hellermann. Der hat sich im Suff bei einer alkoholisierten Fahrt damit noch einmal den Führerschein   abnehmen lassen. Freund Hellermann hatte in seinem Schloss Fredersdorf seinen Geburtstag gefeiert. Auf der Rückfahrt gab es eine Polizeikontrolle und eine anschließende Blutprobe bei der Polizei in Belzig. Während der Blutprobe haben weitere Mitfahrer auf dem Polizeirevier von Belzig ein Polizeiauto filettiert und unter anderem eine Polizeikelle erbeutet. Die sie auf der Rückfahrt nach Berlin auf der Autobahn im Suff kräftig eingesetzt haben. Seitdem heisst der Typ der „Helle (Helmut) mit der Kelle".

SAAB 900 Cabrio

SAAB 900 Cabrio

Nachdem ich meinen schönen schwarzen 220 S Ponton verkauft hatte, dachte ich über einen Porsche nach.

„Da steig ich nicht ein", maulte Freundin Claudia. „Was gefällt Dir denn?" Als Mann ist man ja ständig gezwungen, seine Frauen zu befriedigen. Dauerstress und oft auch ganz schön teuer.

„Ein schwarzes Saab-Cabrio" lautete die prompte Antwort.

Übers Internet fand ich ein schönes Exemplar bei einem renommierten Händler in Holland. Die Oldtimergalerie Brummen. Also hin, das Ding angeschaut und gekauft. Er kam aus Italien. Vicenza. Völlig rostfrei und machte mich richtig an. Deutsche Zulassung, ein Besitzer im Brief. Klasse!

Der Wagen kam mit der Spedition. Noch auf der Straße stellte ich fest, dass an dem (mechanischen) Tacho unter der Zahl für die hunderttausend etwas ausgefräst worden war. Die zugesagten 90.000 km waren damit obsolet.

Die Oldtimergalerie war betroffen. In dem schummrigen Licht der Ausstellungshalle konnte man das nicht sehen. Und ich habe es übersehen. Aber sie waren seriös. Sie waren sofort bereit, den Wagen zurückzunehmen und den Hin und Rücktransport zu bezahlen. Gute Geschäftsleute sind immer seriös!

Da ich den Wagen haben wollte (besonders wegen Claudia am Starnberger See) handelte ich einen nicht unerheblichen Preisnachlass aus und Claudia war happy.

Später fand ich dann unter einer Fußmatte Dokumente vom ACI (der italienische ADAC), aus denen hervorging, dass der Wagen vier Vorbesitzer und eine Laufleistung von 270.000 km hatte. Alter Schwede!

In Karlsruhe gibt es eine alte Saabvertretung. Der Sohn hatte den ganzen Hof voll mit alten Saabs und er baute mir einen anderen Tacho ein, der die Manipulationen nicht mehr erkennen ließ. Er kannte sich so gut aus, dass ich ihn den „Saabosophen" genannt habe.

Irgendwann verlor Claudia, die Künstlerin, ihr Interesse. Zunächst an dem Auto. Dann an mir.
Der Wagen wurde incl. Garage an einen Karlsruher Arzt und Freund verkauft. Bis heute kamen keine Reklamationen.

Mercedes 250 CE /8

Mercedes 250 CE /8

Der Strich achter (Baureihe W114) ist ein biederes und langweiliges Auto. Aber das Coupé hat einen gewissen Charme. Auf meinen Streifzügen über die französische Website „Le Bon Coin" fand ich einen schönen, weißen und sehr günstigen.

Er stand in Sanary sur Mer, also im rostfreien Departement Var.

Also ein paar Tage Ferien in Sète (sehr schön!) Aber Sie können mit dem Wagen nicht fahren, meinte der Verkäufer. „Ca pisse dehors!" Was auf gut deutsch heisst, dass verschiedene lebensnotwendige Flüssigkeiten wie Öl, Kühlwasser, Hydrauliköl etc. das Auto durch irgendwelche nicht ganz intakten Stellen tropften.

Ich fuhr trotzdem hin, nicht ohne mich über die Machenschaften einer gewissen Firma namens U-Ship (Tochter von ebay) informiert zu haben. Die machen Auktionen, bei denen der Preis nach unten geht.

Der Verkäufer holte mich in einem total verwahrlosten Nissan Patrol am Bahnhof von Sanary sur Mer ab. Und fuhr mit mir zu einem noch verwahrlosteren Bauernhof, wo das Schmuckstück auf dem Acker stand. Inmitten einer Schar von schnatternden Gänsen.

Der Wagen war rostfrei, sprang sofort an, fuhr sogar ein paar Meter hin und her.
Gekauft! U-Ship wurde beauftragt. Ich nahm den Intercité de Nuit von Toulon nach Karlsruhe. Diese Züge pflegen meist mit zwei bis vier Stunden am Ziel anzukommen, was wir ja schon kannten.

Nach ein paar Tagen kam der Wagen an. Stähle rief an. „Was haste denn da für einen Schrott gekauft?" fragte er genervt. „Das Getriebe ist im Arsch!" Ich fand sofort ein Getriebe für 160.- Euro bei ebay. Was mir die erneute Kritik von Stähle einbrachte. Er hatte nämlich hier bei einem Schrauber bereits ein Getriebe für 120.- Euro aufgetrieben (Vielleicht heisst das deshalb ja Getriebe).

TÜV, H-Kennzeichen, neues Getriebe waren schnell erledigt. Dann las ich, dass Inge Meisel so ein Auto gefahren hat. Und wollte das Auto nicht mehr haben. Die Veterama nahte, ein guter Anlass das Ding zu verkaufen. Da steht man auf einem Acker in Mannheim, umgeben von Schlauschwätzern, die einen belehren, was an dem Auto nicht mehr original ist. Einer behauptete sogar, dass der Wagen früher mal gelb war, wofür sich allerdings keine Beweise fanden.

Zum Glück gab es einen Käufer, der den Wagen auf Grund seiner Rostfreiheit kaufte.
Naja, einer reicht ja, ich war glücklich, das Ding los zu sein (mit einem blauen Auge) und das Thema Strich acht war damit für mich ein für allemal erledigt.

BMW 2000 Tilux

BMW 2000 Tilux

Eine schöne Geschichte: Abenteuer in Lyon

Eigentlich ist Stähle ja ein BMW - Fan. Obwohl er eine Maserati -Vertretung hatte und auch Ghiblis und so restauriert. Aber BMW scheint ihn an seine Sturm- und Drangzeit zu erinnern.

Nach dem „Retroviseur" gab es eine neue Autozeitung: „La Vie d´auto"

Stähle hat das Handycap, dass er kein Französisch kann. Aber die Bilder und die Typenbezeichnung, sowie der Preis lassen sich auch so erfassen.

„Du, da gibt es einen schönen BMW 2000 Tilux, Departement 67 (Lyon)" Eine nicht so ganz rostfreie Gegend. Aber die BMWs der neuen Klasse fand ich vom Design immer ganz attraktiv, nachdem meine Mutter mal einen kleinen 1602 hatte.

Anruf in Lyon. Der Verkäufer wollte einen neueren BMW für seine Familie kaufen und den Tilux für bescheidene 5700.- verkaufen. Also Termin in Lyon, der TGV fuhr um 9 ab in Straßburg. Treffen am Bahnhof in Lyon um 13 Uhr.

Die Anreise war eine Tragödie. Wenn man die Widrigkeiten der deutschen Bahn im grenzüberschreitenden Verkehr kennt, wird man vorsichtig. Ich wählte einen Zug um 5 Uhr 30 ab Karlsruhe Hauptbahnhof, da ich nicht wusste, wann die Bimmelbahn von Offenburg nach Straßburg fährt. Am Karlsruher Bahnhof musste ich betrübt feststellen, dass der geplante Nachtintercity eine Verspätung von 3 Stunden hatte. Zum Glück kam ein anderer, der auch mit ca 2 Stunden Verspätung Richtung Basel fuhr. Prima, dachte ich. Das Glück währte nicht lange. Bei der Durchfahrt durch die Straßenbahnhaltestelle Durmersheim (Hier fahren die Straßenbahnen auf Bundesbahngleisen und nennen sich S-Bahn) krachte und schepperte es und der Zug blieb auf offener Strecke stehen. Nichts passierte. „Selbstmörder dauert in der Regel 2 Stunden," sagt Freund und erfahrener Bahnkunde Rolf immer. Die Mitreisenden im Abteil wurden panisch. Sie waren Musiker und mussten in Basel einen Anschlusszug nach Luzern für ein Konzert bekommen. Ich versuchte sie zu überreden, mit auszusteigen und alternativ weiterzukommen. In der Ferne sah ich aus dem Fenster ein Edeka-Schild. Da wird es auch Leute und Taxis geben dachte ich mir. Aber die Herren Musiker hatten Schiss und trauten sich nicht.

Also raus aus dem Zug. Über den Schotter. Rein in die Pampa von Durmersheim. Den ersten Menschen, den ich traf, fragte ich, ob er ein Auto habe und mich nach Straßburg an den TGV fahre könne. Er hatte ein Auto, meinte aber, er sei zu besoffen und wolle nicht mehr fahren. Als nächstes kam ein Taxi (Andreas Winkler hat immer Glück). Der Fahrer war ein Kosovo-Albaner und hatte zwei Mädels an Bord, die er von der Disko nach Rastatt fuhr. „Wenn die einverstanden sind, kann ich sie mitnehmen." Die waren schon ziemlich angetörnt und hatten nichts gegen einen blinden Passagier. Als die abgeliefert waren, ging es auf nach Straßburg. 100.- Euro wollte der haben. Ok. Leider wusste der nicht, wo es nach Straßburg ging. Er hatte zwar ein Navi, aber wusste nicht, wie er das bedient Wir näherten uns dann komischerweise von Süden dem Straßburger Bahnhof, aber ich erwischte noch den TGV.

Der Verkäufer des BMW hieß Benito.
„Wie Mussolini?" fragte ich. Aber das hörte der nicht so gerne. Seine Frau war Tunesierin und die hatten eine ganz süße kleine Tochter. Sie hatte für mich gekocht und zeigte mir stolz ihre Hochzeitsfotos mit dem weißen BMW Tilux. Der Wagen war schön, absolut rostfrei und unverbastelt. Ein paar Macken und Parkrammeleien sind nach 40 Jahren ja nichts Ungewöhnliches. Die Probefahrt verlief erfolgreich, ich war begeistert und wir wurden uns einig.

Jetzt kommen 2 Höhepunkte: „Ich habe den Wagen für Sie noch vollgetankt!" Meinte Benito. Damit sie gut nach Hause kommen.

So etwas habe ich noch nie bei einem Autokauf erlebt.

Und dann gab mir seine Frau noch ein Jausenpaket. „Ich habe Ihnen extra noch Bier gekauft, Ihr Deutschen mögt das ja" Ich war richtig gerührt. So toll können Moslems sein Auch noch nie erlebt.

Durch schwerstes Gewitter zurück nach Karlsruhe.
Am nächsten Morgen rief Benito an und fragte noch, ob alles geklappt habe und ob ich gut angekommen sei. Ich glaube, wenn die nicht so weit weg wären, hätten die Beiden richtige Freunde werden können.

Stähle machte den TÜV und das H-Kennzeichen zeitnah, um nicht zu sagen „ruckartig"

Leider stellte ich fest, dass der Tilux doch nicht so ganz mein Ding war. Und ich versuchte, ihn auf der Veterama zu verkaufen. Erfolglos! Aber es kam eine Herde von Besserschwätzern und erklärte mir akribisch und haarklein, welche Mängel der Wagen habe.

Also rein bei ebay.

Ein Amerikaner aus Los Alamitos (südlich von Las Vegas) kaufte den Wagen.

Durch die Abenteuer mit dem 300er von Elfriede war ich vorsichtig geworden und recherchierte erst einmal. Der Käufer hatte eine Firma für Medizintechnik Und ca 13000 positive Beurteilungen bei ebay. Er wollte im Voraus bezahlen und hatte bereits eine Spedition beauftragt, den BMW und noch einige andere nach Kalifornien zu transportieren. Das klappte alles ganz prima, das Geld kam an, die Spedition holte den Wagen und es gab keine Reklamationen. Alle waren glücklich.

Betrugsversuch!

Nachdem der Wagen verkauft (aber das Geld noch nicht da war), rief jemand an und fragte mich, ob das Geld schon angekommen sei, er wolle den Wagen holen. Der Anrufer sprach Deutsch, die Telefonnummer hatte ich für Rückfragen bei ebay angegeben. Er drängelte und wollte den Wagen abholen. Mir kam das komisch vor, dass ein Amerikaner plötzlich so gut deutsch spricht. Nachdem die ganze Korrespondenz auf Englisch erfolgte.

Mein Mitarbeiter Moritz hatte die zündende Idee: Schauen Sie doch mal, von wo der anruft. Der Anruf kam aus dem Jemen. Glück gehabt!

BMW 2002 ti

BMW 2002 ti

Der nächste Floh, den mir Stähle ins Ohr setzte, war ein BMW 2002 Tii
„Die Dinge sind gesucht, gehen ab wie sonst was und der hat noch die
runden (schöneren) Rücklichter"

Der Wagen stand in St Tropez, Departement 83 (Var) also rostfrei.
Aus den Erfahrungen des Lyon-Abenteuers klug geworden zog ich es
vor, mit dem Regionalzug von Lauterburg nach Straßburg zu fahren.
Abfahrt in Straßburg wieder um 9 Uhr.

In Lauterburg stellte ich fest, dass das „Bähnle" nicht rechtzeitig fuhr.
Nur alle zwei Stunden.
Also ab mit dem Auto nach Straßburg. In Bahnhofsnähe kein Parkplatz.
Also ab ins Parkhaus. Ich stellte erfreut fest, dass dort eine Woche nur
38.- Euro kostet. Und vom Parkhaus direkter Zugang zu den Gleisen.

Leider ist St. Tropez mit dem Zug nicht zu erreichen. Der Verkäufer des
Autos hatte einen VIP-Shuttle-Service, holte mich in Baniol zwischen
Toulon und St.Tropez mit einer großen S Klasse vom Bahnhof ab. Bis
St.Tropez war es noch eine halbe Stunde Fahrt. Er lebte offenbar ganz
gut davon, dass er reiche Russen mit seinen großen Mercedes-Limousi-
nen durch die Gegend kutschierte. Wir fuhren gleich in die Tiefgarage
und holten den BMW. Der Auspuff war kaputt und das Ding röhrte
mit mindestens 120 Dezibel durch das nächtliche St. Tropez. Es war
Dezember, überall standen Weihnachtsbäume und es gab erfreulich
wenig Touristen.
Ich lud ihn dann in seiner Stammkneipe zum Abendessen ein. Er meinte, ich sei ihm sympathisch und dürfe deshalb in seinem Appartement
in Port Grimaud übernachten.

So kommt man rum in der Welt!
Am nächsten Morgen kam die Ernüchterung. Bei Licht betrachtet, war
der Wagen ziemlich rostig. Irgendwann kam heraus, dass er mit einer
Bretonin verheiratet ist und damit der Verdacht, dass der Wagen in
seiner Jugend vielleicht zuviel in Finisterre (Bretagne) gefahren ist. Ich
rief Stähle an und erklärte ihm die diversen Rostlöcher. Und sagte ihm,
dass ich den Wagen für mich nicht haben möchte. Er: „Dann kauf ihn
für mich!"
Ich mit röhrendem Auspuff durch die schöne Provence zurück nach
Straßburg. In das Parkhaus. 15 Minuten sind frei. Stellte den Wagen neben meinen Volvo, fuhr nach Lauterburg, gab Stähle den Schlüssel und
Parkschein und habe den Wagen dann nie mehr gesehen. Zum Glück.

Fiat Multipla

Fiat Multipla

Der Fiat Multipla ist mit seinen Froschaugen eines der hässlichsten Autos, das ich kenne.

Ich meine aber hier den alten aus den 60er Jahren, der in Rom oft als Taxi fuhr. Ich wollte ihn zu Werbezwecken für unseren Designladen in Kirchzarten kaufen. Er hat drei Sitzreihen, die man notfalls auch zum Bett für eine ganze Familie umlegen konnte. Von hinten sieht er aus wie ein Cinquecento, vorne fällt er dann steil ab.

Neun Leute passen da rein (eher kleine Italiener als beleibte Deutsche). Ein früher Vorgänger vom Renault Espace sozusagen.

Ich fand einen bei mobile.de. Er war nicht billig, aber auch nicht übermäßig teuer. Machte einen guten Eindruck. Ich rief an. Ein Arzt aus Bergamo erklärte mir, dass das Auto seinem Vater gehört habe, er wolle ihn jetzt verkaufen. Der Wagen hatte ca. 40.000 km und sollte 8000.- Euro kosten. Wir wurden schnell handelseinig. Der Verkäufer schickte mir den Vertrag und die Kopie seines Personalausweises. Die Adresse gab es, er war auch im Telefonbuch eingetragen. Sein Haus und seine Klinik konnte man sich bei Google anschauen. Trotzdem war ich vorsichtig und ging mal wieder zum Betrugsdezernat. Die checkten den Personalausweis und gaben grünes Licht. Alles clean, der Ausweis war echt und weder gestohlen, noch als verloren gemeldet.

Wir hatten vereinbart, dass er den Wagen einer Spedition übergibt, die ihn noch einmal checkt und dann nach Karlsruhe liefert. Ein paar Tage später kam der Vertrag der Spedition Speedline (eine englische Spedition). Ich recherchierte noch einmal im Internet (Es gab sie.) und ich zahlte. Was nicht kam war das Auto. Plötzlich gab es die Spedition auch gar nicht mehr.

Die Kommissarin beim Betrugsdezernat wurde kreidebleich. „Aber wir haften nicht für unsere Auskünfte" bemühte sie sich in Sachen Schadensbegrenzung (aber nur für sich und ihr Amt)

Danach das übliche: Anzeige, nach sechs Wochen ein Schreiben der Staatsanwaltschaft, dass die Ermittlungen mangels Täter erfolglos eingestellt wurden. Also, wenn ich so erfolglos wäre, hätte ich schon längst Konkurs anmelden müssen.

Es gab immerhin Telefonnummern, Bankkonten und IP Adressen. Aber offenbar war der Schaden zu gering, um dort weitere intensivere Ermittlungen einzuleiten.

Nach ein paar Wochen bekam ich Post von Scotland Yard. Da die Spedition Speedline ihren Sitz in England hatte, wurde die Anzeige dorthin weitergeleitet. Die haben eine eigene Dienststelle „Action Fraud", wo internationale Betrugsfälle bearbeitet werden. Man kann dort anrufen und auf Deutsch den ganzen Fall schildern. Aber in meinem Fall auch recht erfolglos. Ich habe von denen nie wieder was gehört.

Epilog

Also irgendwie habe ich nach diesem Event den Spaß an Oldtimern und Exoten verloren.
Mit so alten Schrottkübeln mit bis zu Geschwindigkeiten um 200 Km/h ohne Sicherheitsgurte, ABS und Airbag über die Autobahn zu glühen, liegt mir nicht mehr.
Nur damit gelegentlich einer mal sagt: „Mann hast Du ne geile Karre!" Oder mit der Faust auf den Kotflügel hämmert und sülzt: „Jaja, das war noch Blech!" Noch schlimmer die selbsternannten Spezialisten, die einem erklären, was an dem Wagen nicht original ist. Wobei man das meist selber am Besten weiß.

Oldtimer sind teuer. Mindestens drei meiner obskuren Objekte der Begierde waren so teuer, dass man sich davon eine neue Mercedes S-Klasse hätte kaufen können.

Mein Benefit dieser Aktionen (abgesehen davon, dass ich die Zeit mit diesen Schrottkisten überlebt habe) sind eindeutig profunde Kenntnisse in Mechanik und Maschinenbau, über die ein normaler Architekt in der Regel nicht verfügt. Die ich für meine Tätigkeit als Designer immer gebraucht habe. Und mit denen ich so manchen Handwerker schon verblüfft und überzeugt habe.

Oldtimer werden immer teurer. Und immer sinnloser: Man fährt nicht mehr mit dem Wagen zu Treffen, sondern zieht ihn mit dem Anhänger hinter sich her. Das ist eigentlich kein „Automobil" mehr.

Meine grünbewegte Freundin verzichtet lieber auf den Genuss von frischen Croissants, als diese mit dem Auto irgendwie zu holen. Sie hat recht: wir fahren zu viel Auto. Aber erklären Sie das mal unseren autobewegten Politikern.

Der Genuss, mit einem Oldtimer zu fahren, ist meist eher marginal. Die Dinger sind laut, unbequem und gefährlich. Meist geht die Heizung nicht ordentlich, von Klimaanlage, ABS etc. keine Rede. Außerdem riecht man einen Oldtimer auf Grund des fehlenden Katalysators meilenweit, wenn man hinter ihm fährt.

Der Genuss eines Oldtimers ist eher optischer und emotionaler Natur. Chromstoßstangen sind nun einmal schöner als Plastik. Und sie sind prestigeträchtig, da auffällig: Jeder schaut hin. Man wird wichtig. Egal was man für einen Oldtimer fährt. Am Schlimmsten war es mit meiner Isetta. Noch schlimmer ist es in einem Cabrio. Da sitzt man richtig auf dem Präsentierteller. Ist Ihnen mal aufgefallen, wie ernsthaft und wichtig die Leute da versuchen dreinzuschauen? Ich habe da selten jemanden lachen sehen. Einfach humorlos!

Aber bei den exorbitanten Kosten eines Oldtimers ist das ja kein Wunder. Diese Autos werden immer mehr zum Spekulationsobjekt. Meine Isetta, für 1000.- Euro verkauft, kostet heute fast 30.000.-. Der 400.- DM Bulli ist heute auch nicht mehr unter 30.000.- Euro zu bekommen. Spekulanten haben diese Fahrzeuge als lukrative Investitionsobjekte entdeckt, Margen von mehreren 100% waren nicht selten. Aber immer noch besser, als Borussia-Dortmund-Busse in die Luft zu jagen.

Ich persönlich ziehe mittlerweile meine historische Holzsegeljacht vor. Die braucht keinen Sprit und rostet nicht. Und stinkt nicht. Ein Oldtimer kommt mir erst wieder ins Haus, wenn die Preise etwas moderater geworden sind.

Bis dann….

Andreas Winkler 1995

Geboren in Essen

Offiziersausbildung bei der Marine

Architekturstudium, Diplom an der TU Wien

Eigenes Architekturbüro (archipool)

Gründung der Designfirmen PHOS und NAOS

Professor für Design in Dortmund

Ca. 20 Designpreise wie Red Dot, IF und German Design Award

Fotobände über

-Pirmasenser Schuhfabriken

-Havanna

-Deutsche Atomkraftwerke (strahlende Vergangenheit)